体育运动

二十四式太极拳
ERSHISISHI TAIJIQUAN

咏春拳
YONGCHUNQUAN

主编 刘云发　王连生
　　　赵锦锦　王　力

走进**大自然**
走到阳光下
养成**体育锻炼**
好习惯

吉林出版集团股份有限公司　全国百佳图书出版单位

图书在版编目(CIP)数据

二十四式太极拳 咏春拳 / 刘云发, 王连生等主编.—长春：吉林出版集团股份有限公司, 2011.5（2024.1 重印）
ISBN 978-7-5463-5251-0

Ⅰ.①二… Ⅱ.①刘… ②王… Ⅲ.①太极拳—青年读物②太极拳—少年读物③南拳—青年读物④南拳—少年读物 Ⅳ.①G852.11-49②G852.13-49

中国版本图书馆 CIP 数据核字（2011）第 081711 号

二十四式太极拳 咏春拳

主编 刘云发 王连生 赵锦锦 王力
责任编辑 息望 林琳
出版发行 吉林出版集团股份有限公司
印刷 三河市同力彩印有限公司
版次 2011 年 7 月第 1 版 2024 年 1 月第 8 次印刷
开本 787mm×1092mm 1/16 **印张** 10 **字数** 100 千
地址 吉林省长春市福祉大路 5788 号 **邮编** 130000
电话 0431-81629968
电子邮箱 11915286@qq.com
书号 ISBN 978-7-5463-5251-0
定价 45.80 元

版权所有 翻印必究
如有印装质量问题，请寄本社退换

《体育运动》编委会

主　　任　宛祝平

编　　委　支二林　方志军　王宇峰　王晓磊　冯晓杰
　　　　　田云平　兴树森　刘云发　刘延军　孙建华
　　　　　曲跃年　吴海宽　张　强　张少伟　张铁民
　　　　　李　刚　李伟亮　李志坚　杨雨龙　杨柏林
　　　　　苏晓明　邹　宁　陈　刚　岳　言　郑风家
　　　　　宫本庄　赵权忠　赵利明　赵锦锦　潘永兴

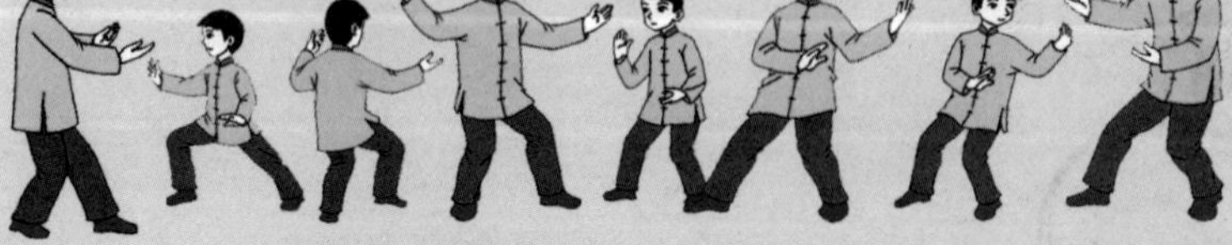

目录 CONTENTS

二十四式太极拳

第一章 运动保护
第一节 生理卫生……………………2
第二节 运动前准备…………………3
第三节 运动后放松…………………9
第四节 恢复养护……………………11

第二章 二十四式太极拳概述
第一节 起源与发展…………………14
第二节 特点与价值…………………15

第三章 二十四式太极拳场地和装备
第一节 场地…………………………20
第二节 装备…………………………21

第四章 二十四式太极拳动作详解
第一节 预备…………………………26
第二节 第一式（起势）……………27
第三节 第二式（左右野马分鬃）…28
第四节 第三式（白鹤亮翅）………31
第五节 第四式（左右搂膝拗步）…32
第六节 第五式（手挥琵琶）………35
第七节 第六式（左右倒卷肱）……36
第八节 第七式（左揽雀尾）………38

目录 CONTENTS

第九节　第八式(右揽雀尾) 41
第十节　第九式(单鞭) 43
第十一节　第十式(云手) 45
第十二节　第十一式(单鞭) 48
第十三节　第十二式(高探马) 49
第十四节　第十三式(右蹬脚) 50
第十五节　第十四式(双峰贯耳) 52
第十六节　第十五式(转身左蹬脚) 53
第十七节　第十六式(左下势独立) 55
第十八节　第十七式(右下势独立) 56
第十九节　第十八式(左右穿梭) 58
第二十节　第十九式(海底针) 60
第二十一节　第二十式(闪通臂) 61
第二十二节　第二十一式(转身搬拦捶) ... 62
第二十三节　第二十二式(如封似闭) .. 64
第二十四节　第二十三式(十字手) 65
第二十五节　第二十四式(收势) 67

第五章　二十四式太极拳功法要求

第一节　行气与呼吸要求 70
第二节　姿势要求 71
第三节　步法要求 73

目录 CONTENTS

  第四节　注意事项..................74
第六章　二十四式太极拳比赛规则
  第一节　程序..................78
  第二节　裁判..................78

咏春拳

第七章　咏春拳概述
  第一节　起源与发展..................84
  第二节　特点与价值..................85
第八章　咏春拳场地和装备
  第一节　场地..................88
  第二节　装备..................89
第九章　咏春拳基本技术
  第一节　基本手形..................92
  第二节　基本站姿..................93
第十章　咏春拳法
  第一节　小念头..................100
  第二节　标指..................127
  第三节　木人桩..................134
第十一章　咏春拳比赛规则
  第一节　程序..................150
  第二节　裁判..................150

二十四式太极拳

第一章 运动保护

"生命在于运动",但是盲目、不科学的运动非但不能起到强身健体的作用,反而会给身体带来一定的伤害。只有掌握体育锻炼的一般性生理卫生知识,科学地进行体育锻炼,才能起到健身强体的作用。

第一节 生理卫生

青少年在进行体育运动时，除了应进行一般性的身体检查和必要的咨询外，还要注意培养运动兴趣和把握适当的运动强度。

一、培养运动兴趣

在进行体育运动前，必须培养自己对体育运动的兴趣。培养兴趣的方法有很多，如观看体育比赛，与同学、朋友进行体育比赛等。有了浓厚的兴趣，就能自觉地投入体育运动之中，从而达到理想的体育锻炼效果。

二、把握运动强度

因为青少年进行体育运动，主要是在享受体育运动的过程中增强体质，提高健康水平，而不仅是为了创造运动成绩，所以运动强度不宜过大。控制运动强度最简单的办法是测定运动时的脉搏。对青少年来说，运动时的脉搏控制在每分钟140次左右较为合适。

第二节 运动前准备

运动前进行充分的准备活动,对于青少年来说是非常重要的。一些青少年体育运动爱好者,常常不重视运动前的准备活动,导致各种运动损伤,影响运动效果,也容易失去对体育运动的兴趣,从而产生对体育运动的畏惧心理。因此,青少年在进行体育运动前,必须做好充分的准备活动。

一、准备活动的作用

运动前做好充分的准备活动能够对肌肉、内脏器官有很大的保护作用,同时还可以提前调节运动时的心理状态。

(一)提高肌肉温度,预防运动损伤

运动前进行一定强度的准备活动,不仅可以使肌肉内的代谢过程加强,温度增高,血液黏滞性下降,提高肌肉的收缩和舒张速度,增强肌力,同时还可以增加肌肉、韧带的弹性和伸展性,减少由于肌肉剧烈收缩而造成的运动损伤。

(二)提高内脏器官的功能水平

内脏器官的功能特点之一就是生理惰性较大,即当活动开始、肌肉发挥最大功能水平时,内脏器官并不能立刻进入

最佳活动状态。

(三)调节心理状态

青少年进行体育锻炼不仅是身体活动,同时也是心理活动。研究证明,心理活动在体育锻炼中起着非常重要的作用。体育锻炼前的准备活动,可以起到心理调节的作用,即接通各运动中枢间的神经联系,使大脑皮层处于最佳兴奋状态。

二、如何进行准备活动

一般来说,准备活动主要应考虑内容、时间和运动量等问题。

(一)内容

准备活动可分为一般准备活动和专项准备活动。一般准备活动主要是一些全身性的身体练习,如跑步、踢腿、弯腰等。一般准备活动的作用在于提高整体的代谢水平和大脑皮层的兴奋状态,减少运动损伤的发生。专项准备活动是指与所从事的体育锻炼内容相适应的动作练习。

下面介绍一套一般准备活动操,供青少年运动前使用。这套活动操主要包括头部运动、肩部运动、扩胸运动、体侧运动、体转运动、髋部运动和踢腿运动等。

1. 头部运动

头部运动的动作方法(见图1-2-1)是:

两手叉腰,两脚左右开立,做头部向前、向后、向左、向右,以及绕环运动。

2. 肩部运动

肩部运动的动作方法(见图1-2-2)是:

手扶肩部,屈臂向前、向后绕环,以及直臂绕环。

3. 扩胸运动

扩胸运动的动作方法(见图1-2-3)是:

屈臂向后振动及直臂向后振动。

4. 体侧运动

体侧运动的动作方法(见图1-2-4)是:

两脚左右开立,一手叉腰,另一臂上举,并随上体侧屈而摆动。

5. 体转运动

体转运动的动作方法(见图1-2-5)是:

两脚左右开立,两臂体前屈,身体向左、向右有节奏地扭转。

6. 髋部运动

髋部运动的动作方法(见图1-2-6)是:

两脚左右开立,两手叉腰,髋关节放松,向左、向右各做360°旋转。

7. 踢腿运动

踢腿运动的动作方法(见图1-2-7)是:

两臂上举后振,同时一腿向后半步,然后两臂下摆后振,同时向前上方踢腿。

图 1-2-1

图 1-2-2

图 1-2-3

YUNDONG BAOHU 运动保护

图 1-2-4

图 1-2-5

图 1-2-6

007

图 1-2-7

(二)时间和运动量

　　准备活动的时间和运动量随体育锻炼的内容和量而定，由于以健身为目的的体育运动量较小，因此准备活动的量也相对较小，时间也不宜过长，否则，还未进行体育锻炼身体就疲劳了。半小时的体育锻炼，准备活动时间一般以 10 分钟左右为宜。

第三节 运动后放松

进行剧烈的体育运动后，有些青少年习惯坐在地上，或是直接躺下来休息，认为这样可以快速消除疲劳。其实不然，这样做的结果不仅不能尽快地恢复身体功能，反而会对身体产生不良影响，正确的做法应该是运动后做一些整理活动，放松身体。

一、运动后整理活动的必要性

运动后的整理活动不但可以避免头晕等症状，还可以有效地消除疲劳。

(一)避免头晕

人体在停止运动后，如果停下来不动，或是坐下来休息，静脉血管失去了骨骼肌的节律性收缩，血液会由于受重力作用滞留在下肢静脉血管中，导致回心血量减少，心血输出量下降，造成暂时性脑缺血，出现头晕、眼前发黑等一系列症状，严重者甚至会出现休克。为了避免这些症状的发生，整理活动是非常必要的。

(二)消除疲劳

除了避免头晕等症状的发生，运动后的整理活动还可以改善血液循环状态，达到快速消除疲劳的目的。

二、放松方法

在运动后放松时，应注意以下几个问题：

（1）做一些放松跑、放松走等形式的下肢运动，促进下肢静脉血的回流，防止体育锻炼后心血输出量的过度下降；

（2）在下肢活动后进行上肢整理活动，右臂活动后做左臂的整理活动，通过这种积极性休息，使身体功能得到尽快恢复；

（3）整理活动的量不要过大，否则整理活动又会引起新的疲劳；

（4）在进行整理活动时，应当保持心情舒畅、精神愉快。

第四节 恢复养护

人体在运动后，除采用休息和积极性体育手段加速身体功能的恢复外，还可以根据体育运动的特点，补充不同的营养物质，以尽快消除疲劳。

体育运动结束后，人体内会产生一种叫作乳酸的酸性物质，它的积累会造成肌体的疲劳，使恢复时间延长。所以，我们在体育运动后，应多补充一些碱性食物，如蔬菜、水果等，而动物性蛋白等肉类食品偏"酸"，在运动后的当天可适当减少摄入。

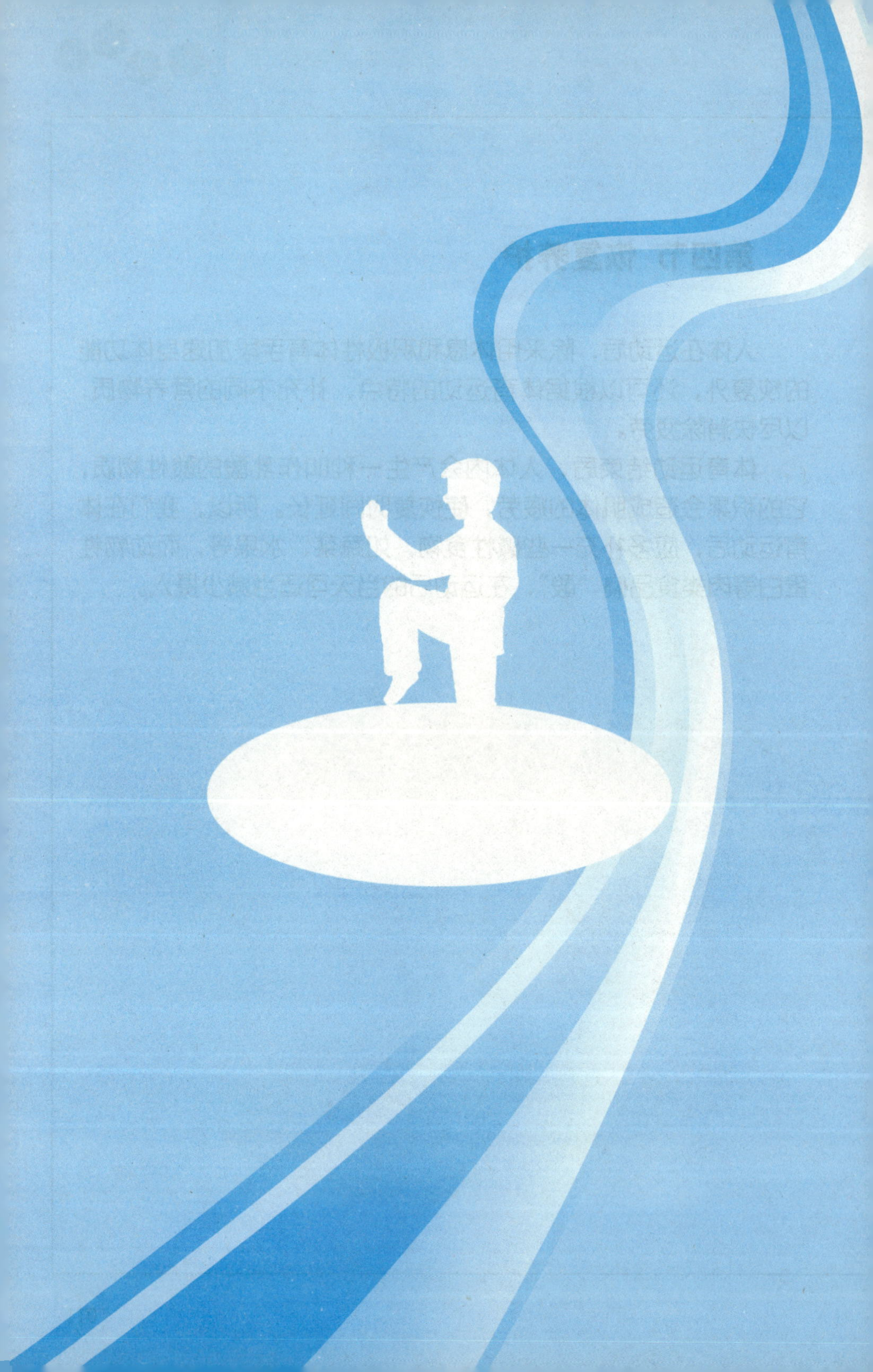

第二章 二十四式太极拳概述

"太极"是中国哲学中的一个术语，指派生万物的本源。太极拳是以太极之理立论的一种拳术，它讲究静中求动、动中求静。太极拳流派众多，其中流传较广或特点较为显著的有陈式、杨式、吴式、武式和孙式。二十四式太极拳是为了太极拳的推广和普及，而由杨式太极拳改编而成的。

第一节 起源与发展

太极拳是中国传统武术的一种，具有悠久的历史。如今，这项运动不仅风行全国，而且还吸引着很多国外爱好者投身其中。

一、起源

据考证，太极拳的一招一式，萌发于人们日常生活和生产劳动中的本能动作，经过历代武术家根据技击的需要，吸收各种武术流派的精华，加工、发展而成，并形成陈式、杨式、吴式、武式、孙式等流派。

二十四式太极拳是原中国国家体委武术处（现中国国家体育总局武术研究院）于1955年组织部分太极拳专家，在继承传统杨式太极拳的基础上，去繁从简，按照由易到难、由简入繁、循序渐进的原则，突出太极拳的健身性和大众普及性，经过反复修订而创编的。简化太极拳成为第一套由国家统一规定、国际标准的太极拳套路。

二、发展

二十四式太极拳在1956年正式公布推广后，对国内外太极拳运动的普及和发展，起到了巨大的推动作用。现代社会，人们日趋认识到体育运动的重要性，二十四式太极拳以其简单易学、轻灵圆活、柔中藏刚的特性，受到人们的普遍喜爱。

太极拳在走进现代体育领域后，得以在运动场上展现其行云流水般的风姿。1983年，在上海举行的第5届全国运动会上，5000名太极拳爱好者集体演练展现了太极拳的极大魅力，场面壮观、雄壮动人。1990年北京亚运会开幕式前，1400名中日太极拳爱好者联袂表演，博得全场数万观众的喝彩。这种声势浩大的表演，掀起了一股全民练太极的热潮。现今，二十四式太极拳已经成为一项享誉中外、学者日众、习者如云、深受世界各国人民喜爱的体育运动。

第二节 特点与价值

太极拳是一种柔和、缓慢、轻灵的拳术，其动作圆活并处处带有弧形，绵绵不断，如行云流水。习练此拳对中枢神经系统、呼吸系统、心血管系统、消化系统及骨骼肌肉等运动器官都有良好的作用。

一、特点

（一）心静体松

思想上尽量排除一切杂念，全身各部分都处于自然、舒展的状态。

(二)连贯圆活

动作要连续不断,如行云流水;上下肢动作保持自然弯曲状态,避免直来直去,要求曲中求直。

(三)柔缓均匀

用力不僵不拘,"运动如抽丝",动作匀速变化。

(四)上下相随

全身"一动无有不动",由脚而腿而腰应完整一气。

(五)虚实分明

从整体看,动作达到终点为实,变转过程为虚;从动作局部看,支撑腿为实,辅助支撑腿为虚。

(六)以意导体、以形导气

想象和动作相结合,以想象引导动作进行,并根据动作的特点合理进行呼吸。

二、价值

二十四式太极拳简单易学,动作自然优美,自然呼吸和拳势呼吸结合,能够使练习者身心得到全面锻炼。

(一)健脑

太极拳运动对脑功能起着积极的调节和训练作用,有益于对大脑皮层兴奋与抑制的调整,进而调整身体各系统、器官的功能,使其坚强有力。

(二)健身

练习太极拳时要上身中正,上下一条线,这要求练习者做到顺底贯顶、脚底生根,产生上下对拉的意念,同时手眼相随,颈椎左右摆动、前后摇转。这样可使躯干、脊椎得到有效的锻炼,还可对颈椎疾病起到预防与治疗作用。

(三)锻炼视神经

　　练拳时眼神要随着手的动作向前平视,动作变化时首先要意动,指挥眼神转向要去的方向,然后身法、手法、步法跟上去,做到意到、眼到、手到、足到,神形合一,这样可以使眼球神经得到锻炼,有助于视力的改善。

第三章 二十四式太极拳场地和装备

　　太极拳具有很强的观赏性和艺术性，平时练习对场地和装备的要求不高，场地平整宽广、装备适用即可，但正规比赛对场地和装备却有着严格的要求。

第一节 场地

太极拳的日常练习对场地的要求不高，一块平整的空地即可，但正式比赛对场地却有着严格的要求。

一、规格

场地长14米，宽8米，四周内沿应标明5厘米的边线，在场地的两长边中间各划一条长30厘米、宽5厘米的中线标记。

二、设施

比赛场地要铺设地毯。

三、要求

场地要平整，不能有凹凸。室外场地不能有石子、碎片，以免使脚踝受伤。室内场地要避免周围有障碍物，地面不能太硬。

第二节 装备

太极拳的装备可分为竞赛装备和普通装备。

一、竞赛装备

(一)服装

1. 款式(见图 3-2-1)

(1)女子为中式半开门小褂(长袖或短袖自定),5 对中式直襻;
(2)男子为中式对襟小褂(长袖或短袖自定),7 对中式直襻;
(3)灯笼袖,袖口处加两对中式直襻;
(4)西式腰、中式裤,襟和立裆要适宜。

2. 材质

服装的材料可自由选择,但一般原则如下:

(1)如果拳风扎实、沉着,步法稳健,选用平绒面料,效果比较好;
(2)如果拳风柔美、潇洒、犹如飞凤,应选择双绉或绸缎的面料为好。

3. 颜色

服装的颜色可自由选择。红、橙、黄等暖色调具有扩散前进的效果；青、绿、蓝等冷色调具有收缩后退的效果。一般体型较胖的人选择冷色调较为合适，而瘦型以选择暖色调较为合适。

要注意服装边角的配色，边角颜色配得得当，能起到画龙点睛的作用。通常黑色可以与多数颜色相配，但不宜与海军蓝、深绿、褐色等深色组合。白色与鲜明色调相配可引人注目，与红、黑、海军蓝等组合都可形成一种对照的美感。红色与黑色组合效果是最好的，和其他多数颜色也能协调，但和绿色搭配一定要慎重。

图 3-2-1

（二）鞋

比赛和表演中常见的是以羊皮或帆布制面、软胶制底、鞋帮饰有花式云头的武术表演专用鞋，这种鞋既舒服又美观。

二、普通装备

平时练习太极拳，对服装没有特殊严格的要求，但也应注意以下几点：

（1）领口、腰带，以及手腕、脚踝部位应略宽松一些，不要扎得太紧；

（2）最好穿轻、软、合脚的鞋，鞋底不滑。

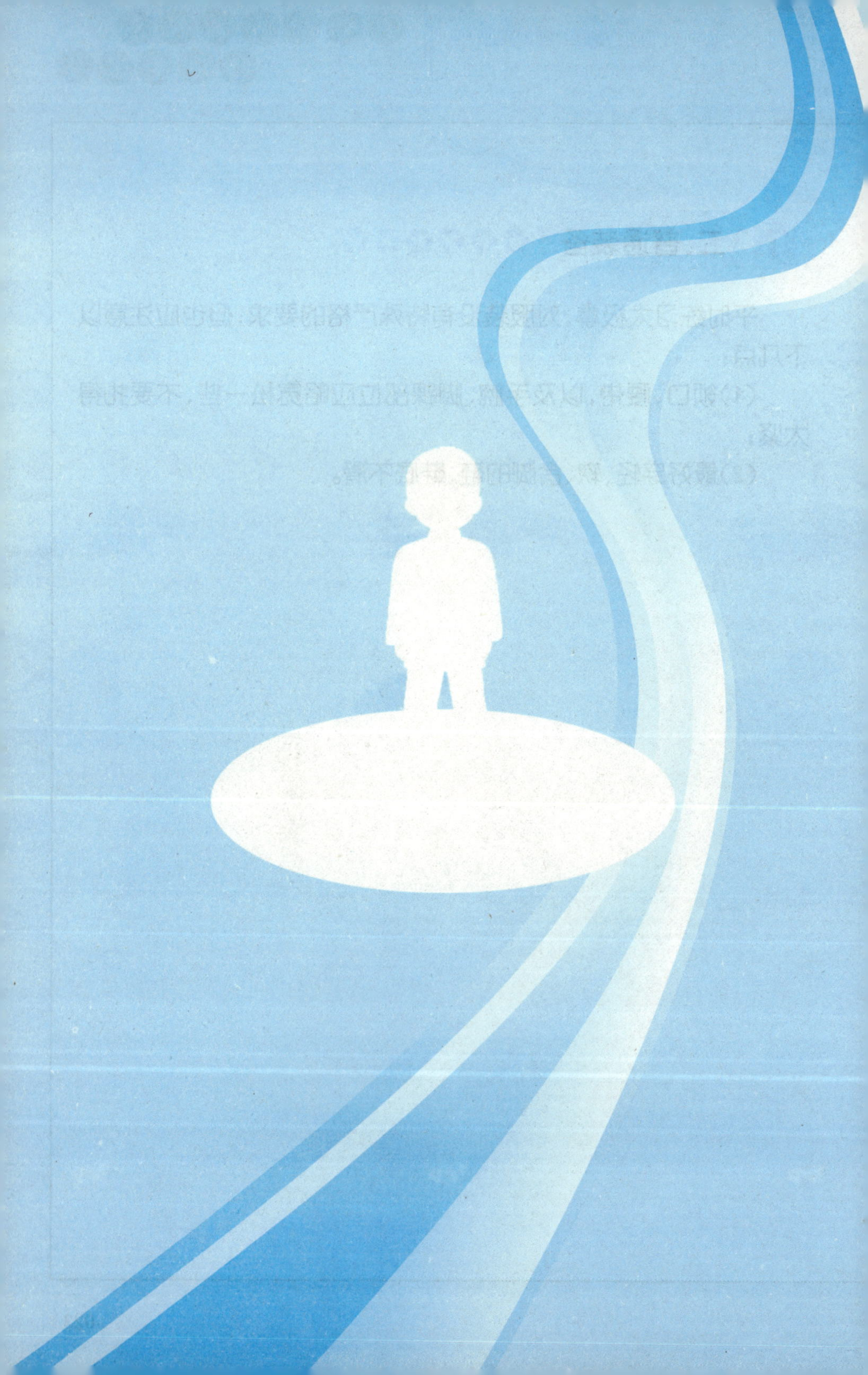

第四章 二十四式太极拳动作详解

二十四式太极拳全套练习时间为4~6分钟，内容简单、精练，每天早、中、晚随时随地都可以抽时间练习，特别适合太极拳初学者。套路应首先练习直进动作，其次练习后退和侧行动作，最后练习穿插蹬脚、下势、独立和复杂的转折动作，体现由浅入深、难易结合的特点。

第一节 预备

(一)动作方法(见图 4-1-1)

身体自然直立,两脚并拢,脚尖向前,两臂自然下垂于身体两侧,平视前方。

图 4-1-1

(二)注意事项

心情放松,心无杂念,肌肉放松,呼吸均匀。

第二节 第一式（起势）

（一）动作方法（见图4-2-1）

（1）起势由立正姿势开始，然后左脚向左分开，呈开立步，与肩同宽，脚尖向前；

（2）两臂慢慢向前平举，两手与肩同高，同宽，手心向下；

（3）上体保持正直，两腿屈膝下蹲，同时两掌轻轻下按，两肘下垂与两膝相对，目平视前方。

（二）注意事项

（1）头颈正直，下颌略向后收，不要故意挺胸或收腹，精神要集中；

（2）两肩下沉，两肘松垂，手指自然伸直，屈膝松腰，臀部不可凸出，身体重心落于两腿中间，两臂下落和身体下蹲的动作要协调一致。

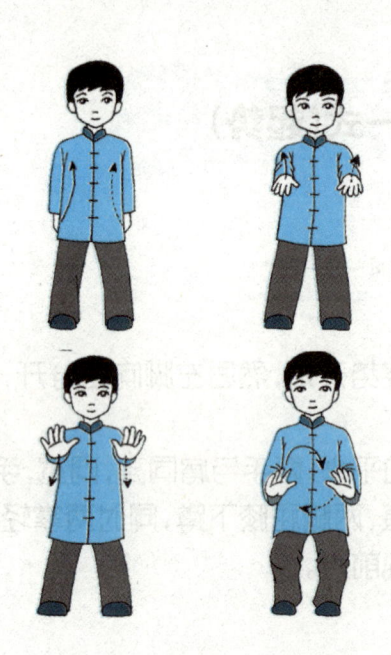

图 4-2-1

第三节 第二式（左右野马分鬃）

（一）动作方法（见图 4-3-1）

（1）上体略向右转，身体重心移至右腿上，同时右臂收在胸前平屈，手心向下，左手经体前向右下划弧至右手下，手心向上，两手心相对呈抱球状，左脚随即收到右脚内侧，脚尖点地，目视右手；

（2）上体略向左转，左脚向左前方迈出，右脚跟后蹬，右腿自然伸直，呈左弓步，同时上体继续向左转，左右手随转体慢慢分别向

左上、右下分开，左手高与眼平，手心斜向上，肘略屈，右手落在右胯旁，肘略屈，手心向下，指尖向前，目视左手；

（3）上体慢慢后坐，身体重心移至右腿，左脚尖翘起，略向外撇（45°～60°），随后脚掌慢慢踏实，左腿慢慢前弓，身体左转，身体重心再移至左腿，同时左手翻转向下，左臂收在胸前平屈，右手向左上划弧至左手下，两手心相对呈抱球状，右脚随即收到左脚内侧，脚尖点地，目视左手；

（4）右腿向右前方迈出，左腿自然伸直，呈右弓步，同时上体右转，左、右手随转体分别慢慢向左下、右上分开，右手高与眼平，手心斜向上，肘略屈，左手落在左胯旁，肘也略屈，手心向下，指尖向前，目视右手；

（5）方法与（3）同，但左右相反；

（6）方法与（4）同，但左右相反。

（二）注意事项

（1）上体不可前俯后仰，胸部必须宽松舒展，两臂分开时要保持弧形，身体转动时要以腰为轴；

（2）弓步动作与分手的速度要均匀一致，做弓步时，迈出的脚先是脚跟着地，然后脚掌慢慢踏实，脚尖向前，膝盖不要超过脚尖，后腿自然伸直，前后脚夹角成45°～60°；

（3）野马分鬃势的弓步，前后脚的脚跟要分在中轴线两侧，横向距离（以动作进行的中线为纵轴，其两侧的垂直距离为横向距离）应该保持在10～30厘米。

图 4-3-1

第四节 第三式(白鹤亮翅)

(一)动作方法(见图 4-4-1)

(1)上体略向左转,左手翻掌向下,左臂平屈胸前,右手向左上划弧,手心转向上,与左手呈抱球状,目视左手;

(2)右脚跟进半步,上体后坐,身体重心移至右腿,上体先向右转,面向右前方,目视右手,然后左脚略向前移,脚尖点地,呈左虚步,同时上体再略向左转,面向前方,两手随转体慢慢向右上、左下分开,右手上提停于右额前,手心向左后方,左手落于左胯前,手心向下,指尖向前,目平视前方。

(二)注意事项

（1）上体要正直，跟步不能过大，松腰松胯；

（2）重心移动不能过快，上体不能后仰或前倾，双肩要放松、下沉。

图 4-4-1

第五节 第四式（左右搂膝拗步）

(一)动作方法（见图 4-5-1）

（1）右手从体前下落，经右下向后上方划至右肩外，手与耳同高，手心斜向上，左手由左下向上、向右划弧至右胸前，手心斜向下，同时上体先略向左再向右转，左脚收至右脚内侧，脚尖着地，目视右手；

（2）上体左转，左脚向前（偏左）迈出呈弓步，同时右手屈回，由耳侧向前推出，高与鼻尖平，左手向下由左膝前搂过落于左胯旁，指尖向前，目视右手手指；

（3）右脚慢慢屈膝，上体后坐，身体重心移至右腿，左脚尖翘起略向外撇，随后脚掌慢慢踏实，右脚前弓，身体左转，身体重心移至左腿，右脚收到左脚内侧，脚尖着地，同时左手向外翻掌，由左后向上划弧至左肩外侧，肘略屈，手与耳同高，手心斜向上，右手随转体向上、向下划弧落于左胸前，手心斜向下，目视左手；

（4）方法与（2）同，但左右相反；

（5）方法与（3）同，但左右相反。

（二）注意事项

（1）前手推出时，身体不可前俯后仰，要松腰松胯；

（2）推掌时要沉肩垂肘，伸腕舒掌，同时松腰、弓腿上下协调一致，搂膝拗步呈弓步时，两脚跟的横向距离保持30厘米左右。

图 4-5-1

第六节 第五式（手挥琵琶）

(一)动作方法(见图 4-6-1)

（1）右脚跟进半步，上体后坐，身体重心转至右腿上，上体向右半面转，左脚略提起，略向前移，变成左虚步，脚跟着地，脚尖翘起，膝部略屈；

（2）左手由左下、向上挑举，高与鼻尖平，掌心向右，臂略屈，右手收回放在左肘里侧，掌心向左，目视左手食指。

(二)注意事项

（1）身体要平稳自然，沉肩垂肘，胸部放松；
（2）左手上起时不要直向上挑，要由左向上、向前，略带弧形，右脚跟进时，脚掌先着地，再全脚踏实；
（3）身体重心后移和左手上起、右手收回要协调一致。

图 4-6-1

第七节 第六式（左右倒卷肱）

（一）动作方法（见图 4-7-1）

（1）上体右转，右手翻掌（手心向上）经腹前由下向后上方划弧平举，臂略屈，左手随即翻掌向上，视线随着向右转体先向右看，再转向前方看左手；

（2）右臂屈肘折向前，右手由耳侧向前推出，手心向前，左臂屈肘后撤，手心向上，撤至左肋外侧，同时左腿轻轻提起向后（偏左）退一步，脚掌先着地，然后全脚慢慢踏实，身体重心移到左腿上，呈右虚步，右脚随转体以脚掌为轴扭正，目视右手；

（3）上体略向左转，同时左手随转体向后上方划弧平举，手心向上，右手随即翻掌，掌心向上，眼随转体先向左看，再转向前方看右手；

(4)方法与(2)同,但左右相反;
(5)方法与(3)同,但左右相反;
(6)重复(2)、(3)、(4)、(5)。

(二)注意事项

(1)前推手不要伸直,后撤不可直向回抽,转体仍走弧线,前推时要转腰松胯,两手速度要一致,避免僵硬;

(2)退步时脚掌先着地,再慢慢全脚踏实,前脚随转体以脚掌为轴扭正,退左脚略向左后斜,退右脚略向右后斜,避免使两脚落在一条直线上;

(3)后退时,眼神随转体动作先向左或右看,然后再转看前手,最后退右脚时,脚尖外撇的角度略大些,便于接做"左揽雀尾"的动作。

图 4-7-1

第八节 第七式(左揽雀尾)

(一)动作方法(见图 4-8-1)

(1)身体继续向右转,左手自然下落,逐渐翻掌经腹前划弧至左肋前,手心向上,左臂屈肘,手心转向下,收至右胸前,两手相对

呈抱球状，同时身体重心落在右腿上，左脚收到右脚内侧，脚尖点地，目视右手；

（2）上体略向左转，左脚向左前方迈出，上体继续向左转，右腿自然蹬直，左腿屈膝，呈左弓步，同时左臂向左前方推出（即左臂平屈呈弓形，用前臂外侧和手背向前方推出），高与肩平，手心向后，右手向右下落于右胯旁，手心向下，指尖向前，目视左前臂；

（3）身体略向左转，左手随即前伸翻掌向下，右手翻掌向上，经腹前向上、向前伸至左前臂下方，然后两手下捋，随即上体向右转，两手经腹前向右后上方划弧，直至右手手心向上，高与肩齐，左臂平屈于胸前，手心向后，同时身体重心移至右腿，目视右手；

（4）上体略向左转，右臂屈肘折回，右手附于左手腕里侧（相距约5厘米），上体继续向左转，双手同时向前慢慢挤出，左手心向右，右手心向前，左前臂保持半圆，同时身体重心逐渐前移呈弓步，目视左手腕部；

（5）左手翻掌，手心向下，右手经左腕上方向前、向右伸出，高与左手齐，手心向下，两手左右分开，宽与肩同，然后右腿屈膝，上体慢慢后坐，身体重心移至右腿上，左脚尖翘起，同时两手屈肘回收至腹前，手心均向前下方，向前平视；

（6）上势不停，身体重心慢慢前移，同时两手向前、向上按出，掌心向前，左腿前弓呈左弓步，平视前方。

(二)注意事项

（1）推出时,两臂前后均保持弧形,分手、松腰、弓腿三者必须协调一致,揽雀尾弓步时,两脚跟横向距离不超过 10 厘米;

（2）下将时,上体不可前倾,臀部不要凸出,两臂下将须随腰旋转,仍走弧线,左脚全掌着地;

（3）向前挤时,上体要正直,挤的动作要与松腰、弓腿相一致;

（4）向前按时两手须走曲线,腕部高与肩平,两肘略屈。

图 4-8-1

第九节 第八式(右揽雀尾)

(一)动作方法(见图 4-9-1)

(1)上体后坐并向右转,身体重心移至右腿,左脚尖里扣,右手

041

向右平行划弧至左肋前,手心向上,左臂平屈胸前,左手掌心向下与右手呈抱球状,同时身体重心再移至左腿上,右脚收至左脚内侧,脚尖点地,目视左手;

(2)方法同"左揽雀尾"(2),但左右相反;
(3)方法同"左揽雀尾"(3),但左右相反;
(4)方法同"左揽雀尾"(4),但左右相反;
(5)方法同"左揽雀尾"(5),但左右相反;
(6)方法同"左揽雀尾"(6),但左右相反。

(二)注意事项

同"左揽雀尾"注意事项。

图 4-9-1

第十节 第九式（单鞭）

（一）动作方法（见图 4-10-1）

（1）上体后坐，身体重心逐渐移至左腿上，右脚尖里扣，同时上体左转，两手（左高右低）向左弧形运转，直至左臂平举，伸于身体

043

左侧,手心向左,右手经腹前运至左肋前,手心向后上方,目视左手;

(2)身体重心再逐渐移至右腿上,上体右转,左脚向右脚靠拢,脚尖点地,同时右手向右上方划弧(手心由里转向外),至右侧方时变勾手,臂与肩平,左手向下经腹前向下划弧停于右肩前,手心向里,目视左手;

(3)上体略向左转,左脚向左前侧方迈出,右脚跟后蹬,呈左弓步,在身体重心移向左腿的同时,左掌随上体的继续左转慢慢翻转向前推出,手心向前,手指与眼齐平,臂略屈,目视左手。

(二)注意事项

(1)上体保持正直,松腰,完成时右肘略下垂,左肘与左膝上下相对,两肩下沉;

(2)左手向外翻掌前推时,要随转体边翻边推出,不要翻掌太快或最后突然翻掌,过渡动作要协调一致;

(3)如面向南起势,单鞭的方向(左脚尖)应向东偏北约15°。

图 4-10-1

第十一节 第十式（云手）

（一）动作方法（见图 4-11-1）

（1）身体重心移至右腿上，身体渐向右转，左脚尖里扣，左手经腹前向右上划弧至右肩前，手心斜向后，同时右手变掌，手心向右前，目视左手；

（2）上体慢慢左转，身体重心随之逐渐左移，左手由脸前向左侧运转，手心渐渐转向左方，右手由右下经腹前向左上划弧至左肩前，手心斜向后，同时右脚靠近左脚，呈小开立步（两脚距离 10～20 厘米），目视右手；

（3）上体再向右转，同时左手经腹前划弧至右肩前，手心斜面向后，右手右侧运转，手心翻转向右，随之左腿向左横跨一步，目视

045

左手；

(4)动作方法同(2)；

(5)动作方法同(3)；

(6)动作方法同(2)。

(二)注意事项

(1)身体转动要以腰脊为轴,松腰、松胯,不可忽高忽低,两臂随腰的转动而运转,要自然圆活,速度要缓慢均匀；

(2)下肢移动时,身体重心要稳定,两脚掌先着地再踏实,脚尖向前,视线随左右手移动；

(3)第三个"云手"的右脚最后跟步时,脚尖略向里扣,便于接"单鞭"动作。

ERSHISISHI TAIJIQUAN
DONGZUO XIANGJIE

二十四式太极拳
动作详解

图 4-11-1

047

第十二节 第十一式（单鞭）

（一）动作方法（见图 4-12-1）

（1）上体向右转，右手随之向右运转，至右侧方时变成勾手，左手经腹前向右上划弧至右肩前，手心向内，身体重心落在右腿上，左脚尖点地，目视左手；

（2）上体略向左转，左脚向左前侧方迈出，右脚跟后蹬，呈左弓步，在身体重心移向左腿的同时，上体继续左转，左掌慢慢翻转向前推出，呈"单鞭"势。

（二）注意事项

（1）上下肢动作要统一协调，上体带动下体；
（2）手臂在胸前要充分划圆弧，交叉要有序；
（3）眼要随手臂的移动而移动。

图 4-12-1

第十三节 第十二式(高探马)

(一)动作方法(见图4-13-1)

(1)右脚跟进半步,身体重心逐渐后移至右腿上,右手变掌,两手心翻转向上,两肘略屈,同时身体略向右转,左脚跟渐渐离地,目视左前方;

(2)上体略向左转,面向前方,右掌经右耳旁向前推出,手心向前,手指与眼同高,左手收至左侧腰前,手心向上,同时左脚略向前移,脚尖点地,呈左虚步,目视右手。

049

(二)注意事项

上体自然正直,双肩下沉,右肘略下垂,跟步移换重心时身体不要有起伏。

图 4-13-1

第十四节 第十三式(右蹬脚)

(一)动作方法(见图 4-14-1)

(1)左手手心向上,前伸至右腕背面,两手相互交叉,随即向两侧分开并向下划弧,手心斜向下,同时左脚提起向左前侧方进步(脚尖略外撇),身体重心前移,右腿自然蹬直,呈左弓步,目视前方;

（2）两手由外圈向里圈划弧，交叉合抱于胸前，右手在外，手心均向后，同时右脚向左脚靠拢，脚尖点地，平视右前方；

（3）两臂左右划弧分开平举，肘部略屈，手心均向外，同时右腿屈膝抬起，右脚向右前方慢慢蹬出，目视右手。

（二）注意事项

（1）身体要稳定，不可前俯后仰，两手分开时腕部与肩齐平；

（2）蹬脚时，左腿略屈，右脚尖回勾，劲使在脚跟，分手和蹬脚须协调一致，右臂和右腿上下相对；

（3）如面向南起势，蹬脚方向应为东偏南约30°。

图 4-14-1

第十五节 第十四式(双峰贯耳)

(一)动作方法(见图4-15-1)

(1)右腿收回,屈膝平举,左手由后向上、向前下落至体前,两手心均翻转向上,两手同时向下划弧分落于右膝两侧,目视前方;

(2)右脚向右前方落下,身体重心渐渐前移,呈右弓步,面向右前方,同时两手下落慢慢变拳,分别从两侧向上、向前划弧至面部前方,两拳面斜相对,高与耳齐,拳、眼均斜向下(两拳间距离10~20厘米),目视右拳。

(二)注意事项

(1)完成时头颈正直,松腰松胯,两拳松握,沉肩垂肘,两臂均保持弧形;

(2)双峰贯耳势的弓步和身体方向与右蹬脚方向相同。

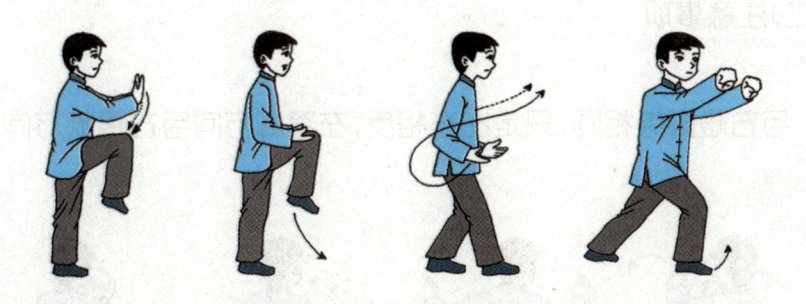

图 4-15-1

第十六节 第十五式（转身左蹬脚）

（一）动作方法（见图 4-16-1）

（1）左腿屈膝后坐，身体重心移至左腿，上体左转，右脚尖里扣，同时两拳变掌由上向左右划弧分开平举，手心向前，目视左手；

（2）身体重心再移至右腿，左脚收到右脚内侧，脚尖点地，同时两手由外圈向里圈划弧合抱于胸前，左手在外，手心均向后，平视左方；

（3）两臂左右划弧分开平举，肘部略屈，手心均向外，同时左腿屈膝提起，左脚向左前方慢慢蹬出，目视左手。

（二）注意事项

与右蹬脚势相同，只是左右相反，左蹬脚方向与右蹬脚方向成180°。

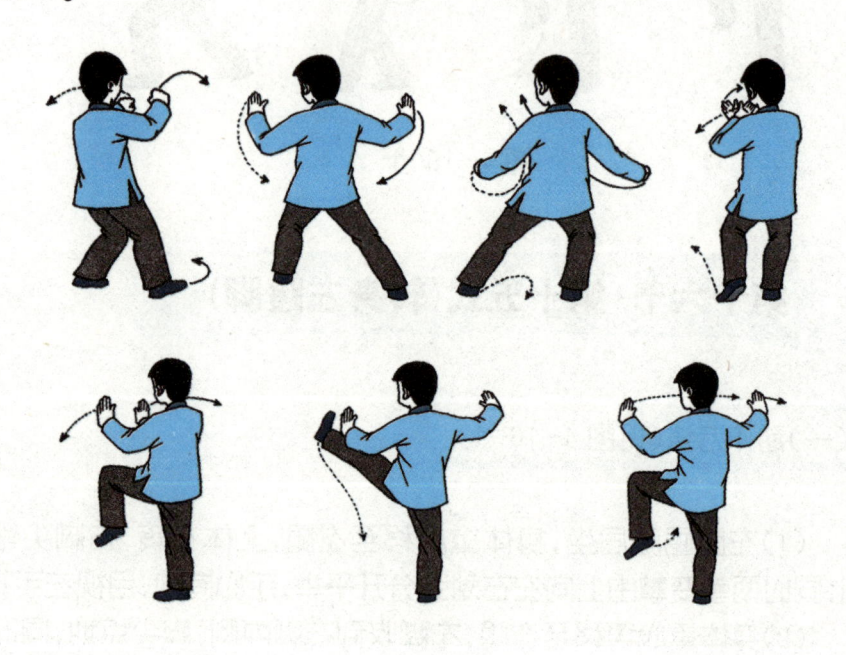

图4-16-1

第十七节 第十六式（左下势独立）

(一) 动作方法（见图 4-17-1）

（1）左腿收回平屈，上体右转，右掌变成勾手，左掌向上、向右划弧下落于右肩前，掌心斜向后，目视右手；

（2）右腿慢慢屈膝下蹲，左腿由里向左侧（偏后）伸出，呈左仆步，左掌下落（掌心向外）向左下顺左腿内侧向前穿出，目视左手；

（3）身体重心前移，左脚尖尽量向外撇，左脚前弓，右腿后蹬，右脚尖里扣，上体略向左转并向前起身，同时左臂继续向前伸出立掌，掌心向右，右勾手下落，勾尖向后，目视左手；

（4）右腿慢慢提起平屈，呈左独立势，同时右手变掌，并由后下方顺右腿外侧向前弧形摆出，屈臂立于右腿上方，肘与膝相对，手心向左，左手立于左胯旁，手心向下，指尖向前，目视右手。

(二) 注意事项

（1）上体要正直，独立的腿要略屈，左腿提起时脚尖自然下垂；

（2）右腿全蹲时，上体不可过于前倾，左腿伸直，左脚尖须向里扣，两脚掌全部着地。

图 4-17-1

第十八节 第十七式（右下势独立）

(一)动作方法(见图 4-18-1)

(1)右脚下落于左脚前，脚掌着地，然后以左脚前掌为轴，脚跟转动，身体随之左转，同时左手向后平举变成勾手，右掌随着转体向左侧划弧，立于左肩前，掌心斜向后，目视左手；

（2）方法同"左下势独立"（2），但左右相反；
（3）方法同"左下独立势"（3），但左右相反；
（4）方法同"左下独立势"（4），但左右相反。

（二）注意事项

右脚尖触地后必须略提起，然后再向下仆腿，其他均与"左下独立势"相同，但左右相反。

图 4—18—1

第十九节 第十八式(左右穿梭)

(一)动作方法(见图 4-19-1)

(1)身体略向左转,左脚从右脚前向前落地,脚尖外撇,右脚跟离地,两腿屈膝呈交叉步,同时两手在左胸前呈抱球状(左上右下),然后右脚收到左脚的内侧,脚尖点地,目视左前臂;

(2)身体右转,右脚向右前方迈出,屈膝弓腿,呈右弓步,同时右手由脸前向上举并翻掌停在右额前,手心斜向上,左手先向左下再经体前向前推出,高与鼻尖平,手心向前,目视左手;

(3)身体重心略向后移,右脚尖略向外撇,随即身体重心再移至右腿,左脚跟进停于右脚内侧,脚尖点地,同时两手在右胸前呈抱球状(右上左下),目视左前臂;

(4)同(2),但左右相反。

(二)注意事项

(1)完成姿势面向斜前方(如面向南起势,左右穿梭方向分别为正偏北和正偏南,均约 30°),手推出后上体不可前俯,手向上举时防止引肩上耸;

(2)一手上举、一手前推与弓腿松腰要上下协调一致,做弓步时两脚跟的距离保持在 30 厘米左右。

图 4-19-1

第二十节 第十九式（海底针）

（一）动作方法（见图 4-20-1）

（1）右脚向前跟进半步，身体重心移至右腿，左脚略向前移，脚尖点地，呈左虚步；

（2）身体略向右转，右手下落经体前向后、向上提抽至肩上耳旁，再随身体左转，由右耳旁斜向前下方插出，掌心向左，指尖斜向下；

（3）左手向前、向下划弧落于左胯旁，手心向下，指尖向前，目视前下方。

（二）注意事项

身体先向左转，完成姿势时面向正西，上体不可太前倾，避免低头和臀部外凸，左腿要略屈。

图 4-20-1

第二十一节 第二十式（闪通臂）

（一）动作方法（见图 4-21-1）

（1）上体略向右转，左脚向前迈出，屈膝弓腿呈左弓步；
（2）右手由体前上提，屈臂上举停于右额前上方，掌心翻转斜向上，拇指朝下，左手上起经胸前向前推出，高与鼻尖平，手心向前，目视左手。

（二）注意事项

（1）完成姿势时，上体自然正直，松腰、松胯，左臂不要完全伸直，背部肌肉要伸展开，推掌、举掌和弓腿动作要协调一致；

(2)弓步时,两脚跟横向距离同"揽雀尾"势(不超过10厘米)。

图 4-21-1

第二十二节 第二十一式(转身搬拦捶)

(一)动作方法(见图4-22-1)

(1)上体后坐,身体重心移至右腿上,左脚尖里扣,身体向后转,然后身体重心再移至左腿上,同时右手随着转体向右、向下(变拳)经腹前划弧至左肋旁,拳心向下,左掌上举于头前,掌心斜向上,目视前方;

(2)向右转体,右拳经胸前向前翻转撇出,拳心向上,左手落于胯旁,掌心向下,指尖向前,同时右脚收回后(不要停顿或脚尖点地)即向前迈出,脚尖外撇,目视右拳;

(3)身体重心移至右腿上,左脚向前迈一步,左手上起经左侧向前上划弧拦出,掌心向前下方,同时右拳向右划弧收到右腰旁,

拳心向上，目视左手；

（4）左腿前弓呈左弓步，同时右拳向前打出，拳眼向上，高与胸平，左手附于右前臂里侧，目视右拳。

（二）注意事项

（1）右拳不要握得太紧，右拳回收时，前臂要慢慢内旋划弧，然后再外旋停于右腰旁，拳心向上；

（2）向前打拳时，右肩随拳略向前引伸，沉肩垂肘，右臂要略屈，弓步时两脚横向距离同"揽雀尾"势。

图 4-22-1

第二十三节 第二十二式（如封似闭）

(一)动作方法(见图 4-23-1)

(1)左手由右腕下向前伸出，右拳变掌，两手手心逐渐翻转向上并慢慢分开回收，同时身体后坐，左脚尖翘起，身体重心移至右腿，目视前方；

(2)两手在胸前翻掌，向下经腹前再向上、向前推出，腕部与肩平，手心向前，同时左腿前弓呈左弓步，目视前方。

(二)注意事项

(1)身体后坐时避免臀部凸出；
(2)两臂随身体回收时，肩、肘部略向下松开，不要直着抽回；
(3)两手推出宽度不要超过两肩。

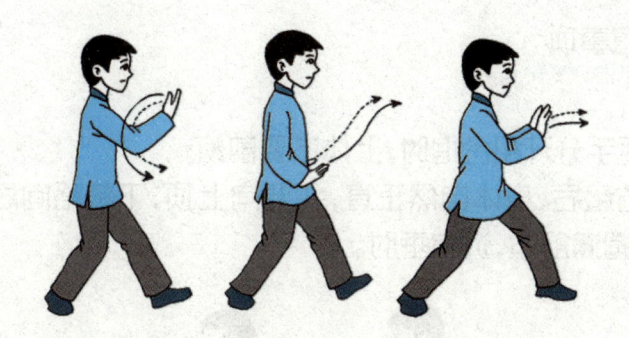

图 4-23-1

第二十四节 第二十三式（十字手）

(一)动作方法（见图 4-24-1）

（1）屈膝后坐，身体重心移向左腿，左脚尖里扣，向右转体，右手随着转体动作向右平摆划弧，与左手呈两臂侧平举，掌心向前，肘部略屈，同时右脚尖随着转体略向外撇，呈右侧弓步，目视右手；

（2）身体重心慢慢移至左腿，右脚尖里扣，随即向左收回，两脚距离与肩同宽，两腿逐渐蹬直呈开立步，同时两手向下经腹前向上划弧，交叉合抱于胸前，两臂撑圆，腕高与肩平，右手在外，呈十字手，手心均向后，目视前方。

(二)注意事项

(1)两手分开和合抱时,上体不要前俯;
(2)站起后,身体自然正直,头要向上顶,下颌略向后收,两臂环抱时须圆满舒适,沉肩垂肘。

图 4-24-1

第二十五节 第二十四式（收势）

（一）动作方法（见图 4-25-1）

两手向外翻掌，手心向下，两臂慢慢下落停于身体两侧，目视前方。

（二）注意事项

（1）两手左右分开下落时，要注意全身放松，同时气也徐徐下沉，呼气略加长；

（2）呼吸平稳后，把左脚收到右脚旁，完成全套动作。

图 4-25-1

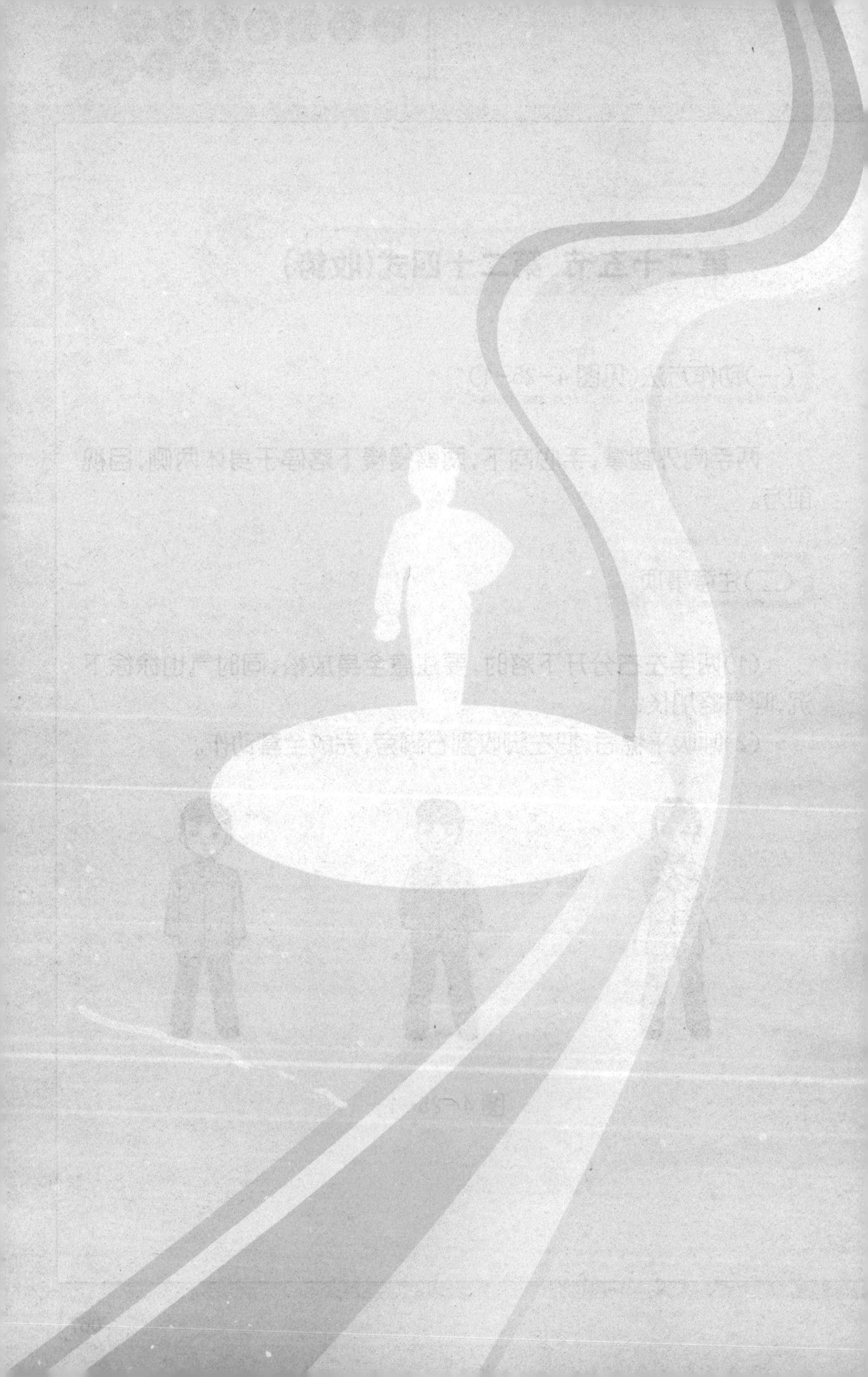

第五章 二十四式太极拳功法要求

　　初学太极拳时不要贪多求快、潦草从事，如果贪多求快造成错误的定型，再进行纠正就很困难。初学者应该从基础学起，从单个动作一招一式地认真学起。初学者要耐心体会每一单式的要领和感受，做到学会一式，掌握一式，并能够运用这一式进行健身锻炼。单势练习有一个便利因素，即不受时间、场地的约束，随时随地进行练习。把这些单个动作练熟以后，就可以轻松学习完整的套路。本章简要说明太极拳功法练习中的行气与呼吸要求、姿势要求和步法要求，以及一些注意事项。

第一节 行气与呼吸要求

一、呼吸自然

练习太极拳的呼吸应自然、匀细,徐徐吞吐,要与动作自然配合,初学者采用自然呼吸。练习时一定要注意循序渐进,持之以恒,周身一气,完整协调,要表现出"以心行气,以气运身"的演练风格,必须坚持长久练习。

二、姿势正确

有些练习者在练习过程中会出现耸肩、僵脖、突肘、撅臀等现象,严重破坏了动作的规定。

此外,姿势不正确还会造成呼吸憋气,这样连续几个动作之后,不得不深换一口气,迫使动作速度发生变化,导致动作不协调,既影响练习效果,又妨碍技术水平的提高。只有在姿势正确、呼吸自然的情况下,动作才能顺达、松柔和自然。

第二节 姿势要求

一、头部姿势

练习太极拳时，头部要自然上顶，避免颈部肌肉硬直，不要东偏西歪或自由摇晃；头颈动作应随着身体位置和方向的变换，与躯干的旋转上下连贯、协调一致；面部要自然，下颏向里收回，用鼻呼吸，口自然闭合。

二、眼神

眼神要随着身体的转动和招式的变化而变化，时而注视前手，时而平视前方，时而又随动作的功用而注视对方方位。神态力求自然，注意力一定要集中，否则会影响锻炼效果。

三、胸背

太极拳要领中指出要"含胸拔背"，或者"含蓄在胸，运动在两肩"，意思是说在锻炼过程中要避免胸部外挺，但也不要过分内缩，应顺其自然。"含胸拔背"是互相联系的，背部肌肉随着两臂伸展动作，尽量地舒展开，同时注意胸部肌肉要自然放松，不可使其紧张，这样胸就有了"含"的意思，背也有"拔"的形式，从而也可免除胸肋间的紧张，使呼吸自然调节。

四、腰脊

练习太极拳时要求身体端正安舒,这与腰部动作密切相关。练习时无论进退或旋转,凡是由虚而逐渐落实的动作,腰部都要有意识地向下松垂,以助气下沉。腰部下垂时,注意要端正安舒,腰腹部不可前挺或后屈,以免影响转换时的灵活性。腰部向下松垂,还可以增加两腿力量,稳固底盘,使得动作圆活、完整。

五、臀部

练习太极拳时要求臀部保持自然状态,避免臀凸出或左右扭动。要松腰、正脊,维持躯干的正直。

六、腿部

在练习太极拳的过程中,两腿对于步法的进退变换和周身的稳定程度起着决定性作用。因此腿部动作要正确、灵活、稳当。在练习时,要特别注意重心移动、脚放的位置、腿弯曲的程度、重心的移动和两腿的虚实变化,以及整个套路动作的前后衔接。腿部活动时,总的要求是松胯、屈膝、两脚轻起轻落,使下肢动作轻、稳、进退灵便。迈步时,一腿支撑体重,稳定重心,然后另一腿缓缓迈出。脚的起落要轻巧灵活,前进时脚跟先着地;后退时脚掌先着地,然后慢慢踏实;横步时,侧出腿先落脚尖,然后脚掌、脚跟依次落地;跟步、垫步都是先落脚尖或脚掌。

七、上肢部

上肢部总的要求是沉肩垂肘，使肩、肘两个相关联的关节放松。练习时注意肩关节松沉，并有意识地向外引伸，使手臂有回旋的余地。太极拳的手臂一伸一屈都不可平出平入、直来直往，而应该把腕部和前臂的旋转动作确切地表现出来。对方的动作要求是：凡是收掌动作，手掌应含蓄而不软化、飘浮，出掌要自然，手指要自然伸直、舒展。手和肩的动作是完整一致的。如果手过度向前引伸，就容易把臂伸直，达不到"沉肩垂肘"的要求；而过分地沉肩垂肘，则会忽略手的向前引伸，容易使臂部过于弯曲。总之，上肢部始终要保持一定的弧度，出手、收掌动作都不要突然断劲，这样才能做到既有节奏又能连绵不断，轻而不浮，沉而不僵，灵活自然。

第三节 步法要求

太极拳的步形、步法看似简单，容易被初学者忽视。但步形、步法是稳定中心的关键，步形不正确，步法不得当都会造成重心不稳。如迈步过小、过窄，出脚的位置、方向、角度不对，都会形成上身不正、重心不稳等现象。所以，步形、步法的练习有利于下盘动作的稳定性及培养身形、步法的协调性，可为进一步学习太极拳打下基础。

第四节 注意事项

一、心静体松

"心静体松"是对太极拳练习的基本要求。所谓"心静",就是在练习太极拳时,思想上应排除一切杂念,不受外界干扰;所谓"体松",是指练拳时在保持身体姿势正确的基础上,要有意识地让全身关节、肌肉以及内脏等达到最大限度的放松状态。

二、圆活连贯

是否做到"圆活连贯"是衡量一个人功夫深浅的主要依据。太极拳练习所要求的"连贯"是指多方面的。其一是指以腰为枢纽的肢体连贯,即在动作转换过程中,对下肢要求以腰带胯,以胯带膝,以膝带足;对上肢要求以腰带背,以背带肩,以肩带肘,再以肘带手。其二是动作与动作之间的衔接,前一动作的结束就是下一个动作的开始,式与式之间没有间断和停顿。"圆活"是在连贯基础上的进一步要求,意指活顺、自然。

三、虚实分明

要做到"运动如抽丝,迈步似猫行",就要注意虚实变换要适

当，使肢体各部分在运动中没有丝毫不稳定的现象。一般来说，下肢以主要支撑体重的腿为实，辅助支撑或移动换步的腿为虚；上肢以体现动作主要内容的手臂为实，辅助配合的手臂为虚。总之，虚实不但要互相渗透，还要有意识地灵活变化。

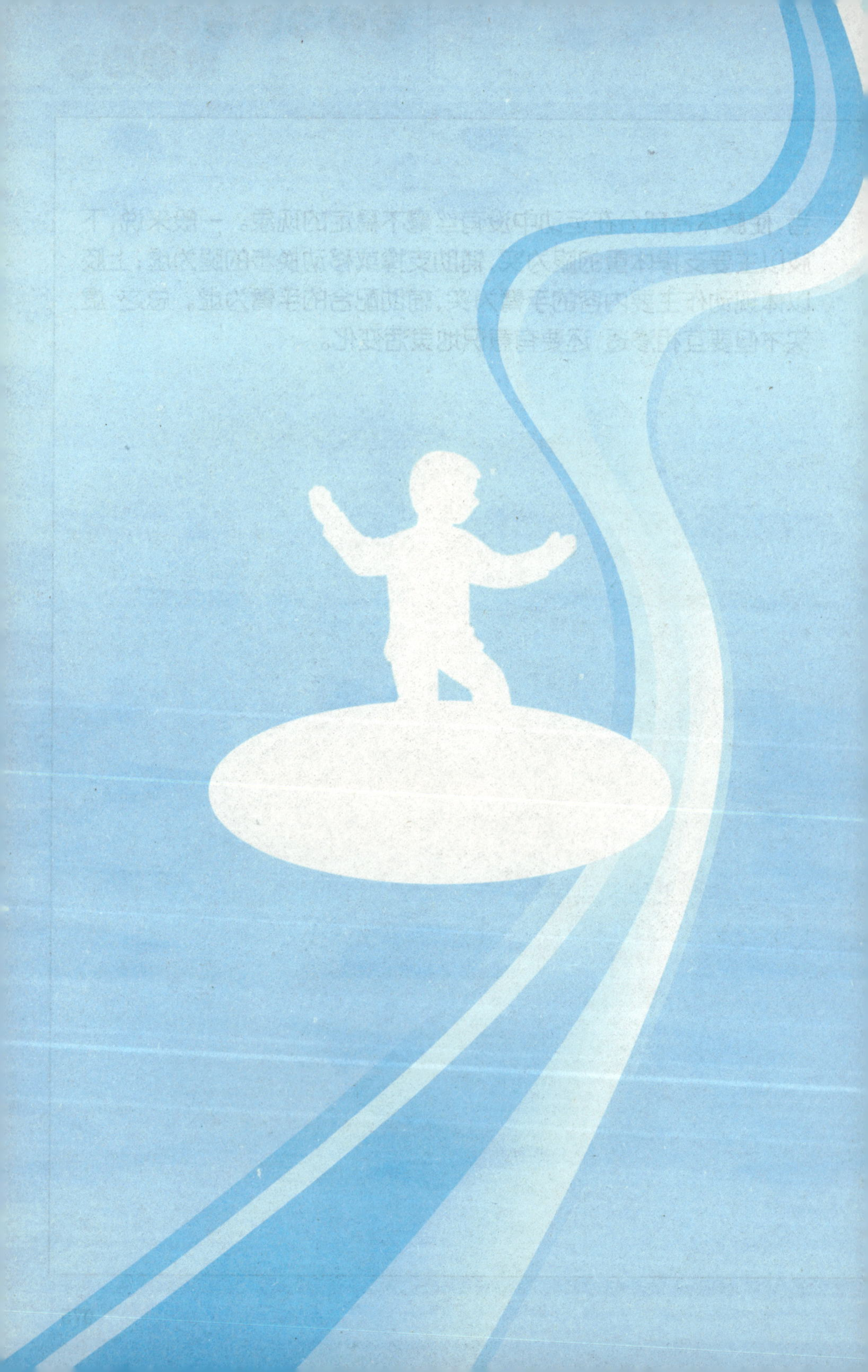

第六章 二十四式太极拳比赛规则

　　合理的程序是比赛顺利进行的前提条件，正确的裁判是比赛公平、公正的基本保障。比赛程序与裁判的相关知识，能够使观众更全面、更深入地欣赏比赛，同时又能使运动员游刃有余地进行比赛。

第一节 程序

目前所开展的太极拳的比赛,有套路比赛、太极散手比赛、太极推手比赛和器械类比赛。其中,套路比赛的规模最大,程序也最为完善和稳定。

一、参赛办法

参赛人以团体或个人的名义参加比赛。

二、比赛方法

比赛时,参赛者进行套路表演,结束后裁判给出分数,分数高者可以继续参加下一轮的比赛。

在下一轮的比赛中,参赛者依然表演同一套路,以此类推,直至排出最终名次。

第二节 裁判

裁判在一定程度上保证了比赛正常合理地进行,同时也保证观众能够更好地欣赏比赛。

一、裁判员

太极拳比赛中,评分的裁判员至少为 5 人,他们分别处于不同的方位来评判动作。

二、评分

(一)一般评分标准

套路比赛是以运动员的得分多少来决定名次的,运动员的得分就是对运动员演练水平高低的评定。各类比赛的最高得分标准均为 10 分,具体从以下 3 个方面来评判:

1. 动作规格

动作规格的分值为 6 分,具体评分标准为:

(1)凡手形、步形、手法、步法、身法、腿法与规格要求轻微不符者,每出现一次扣 0.05 分;

(2)与规格要求显著不符者,每出现一次扣 0.1 分;

(3)与规格要求严重不符者,每出现一次扣 0.2 分;

(4)一个动作出现多种错误时,最多扣分不得超过 0.2 分。

2. 劲力和协调

劲力和协调的分值为 2 分,具体评分标准为:

(1)凡用劲顺达、沉着准确、连贯圆活、手、眼、身法、步法协调者,给予满分;

(2)凡与要求轻微不符者,扣 0.1~0.5 分;

(3)显著不符者,扣0.6~1分;
(4)严重不符者扣1.1~2分。

3.精神、速度、风格、内容、结构和布局

精神、速度、风格、内容、结构和布局的分值为2分,具体评分标准为:

(1)凡符合意识集中,精神饱满,神态自然,内容充实,速度适中,结构合理,布局匀称等要求者,给予满分;
(2)凡与要求轻微不符者,扣0.1~0.5分;
(3)显著不符者,扣0.6~1分;
(4)严重不符者,扣1.1~2分。

(二)其他错误的评分标准

运动员在演练套路时出现的遗忘、出界等现象属于其他错误,不属于动作规格的错误,应单独给予扣分。这些错误的扣分有的由执行裁判员扣分,有的由裁判长扣分。

1.由裁判员扣分的其他错误

(1)没有完成套路

任何项目的比赛,凡运动员没有完成套路中途退场者,均不予评分。

(2)遗忘

在比赛中,每出现一次遗忘现象,根据不同程度扣0.1~0.3分。

(3)出界

身体的某一部位接触线外地面,扣0.1分;整个身体出界,扣

0.2分。

(4)失去平衡

在比赛中,每出现一次附加支撑,扣0.1～0.2分;一个动作中连续出现附加支撑,扣0.3分;每出现一次倒地,扣0.3分。

2.由裁判长扣分的其他错误

(1)起势、收势

起势与收势不符合要求者,扣0.1分;起势或收势有意拖延时间者,扣0.1～0.3分。

(2)重做

如果运动员因客观原因,造成比赛套路中断者,经裁判长许可,可重做一次,不予扣分。

如果运动员因动作遗忘、失误等原因造成比赛套路中断者,可重做一次,但应扣1分。

如果运动员临场受伤不能继续比赛者,裁判长有权令其中止。经过简单治疗即可继续比赛的,可安排在该组最后一名继续上场;如果已经是该组最后一名的,则安排在第二天该项目比赛组的第一名参加比赛,按重做处理,扣1分。

因伤不能在上述规定时间内继续比赛者,作弃权论。

(三)裁判长的加减分

在出现明显不合理的现象时,裁判长有权给运动员加减分;在中间三个有效分出现不允许差数(平均分在9分或9分以上的差数不得超过0.2分,9分以下的差数不得超过0.4分)时,裁判长可以打分进行调整。

裁判长的加减分和调整分,有效分平均值在 9 分以上时,不得超过±0.05;9 分以下时,不得超过±0.1。

(四)最后得分

运动员现场演练完成后,各裁判员根据其临场发挥的技术水平,按照竞赛项目的评分标准,在各类分值中减去其他错误动作的扣分,即为运动员得分。将得分中的最高分和最低分去掉,取中间得分的平均值为运动员应得分。裁判长从运动员的应得分数中扣除"其他错误的扣分"中裁判长掌握的扣分,即为运动员的最后得分。

三、违例

以下情况判为违例:
(1)服装上带有可以提高自己动作效果的装饰;
(2)进入场地的方位顺序错误;
(3)出界;
(4)动作缺少或顺序颠倒。

咏春拳

第七章 咏春拳概述

中华武术源远流长，发展至今绝不是单纯的打打杀杀，更不同于西方的体育运动，而是一门综合多学科的体育科学。它集古代哲学、中医学、物理学、力学、美学和人体科学等为一体，具有深厚的传统文化内涵，而作为少林嫡传武技之一的咏春拳更是将这些丰富的文化内涵体现得淋漓尽致。

第一节 起源与发展

咏春拳是中国传统武术的一种,具有悠久的历史。

一、起源

咏春拳是少林嫡传武技之一,关于咏春拳的起源,大致有以下几种说法:

第一种说法是,始创于福建严咏春,咏春拳因此得名。严咏春是清中期少林俗家弟子严四之女,她偶然看到蛇鹤相争,受启发而在自己原有的武功基础上,创编了咏春拳术。

第二种说法是,五枚创咏春拳后,并非直接传给了严咏春,而是传给了少林弟子苗顺,苗顺传给少林俗家弟子严二,严二再传女咏春及婿梁傅俦。这个严二就是前面所说的严四。

第三种说法是,咏春拳的前身应为泳春拳,是清初反清组织"天地会"的一种武技,为河南嵩山少林弟子一尘庵主所创。

第四种说法是,又说咏春拳应为永春拳,得名于福建泉州少林寺的永春殿,乃当年进殿者所习的南派内家拳法,全称是少林永春,总教习是少林弟子至善禅师。

二、发展

清朝末年,身怀咏春绝技的梁赞随父来到中国四大名镇之一、有"武术之乡"之称的佛山,由于他技艺超群,咏春拳得以迅速扬名。

　　1949年,梁赞第3代弟子叶问到香港设馆,咏春拳得以在更广泛的范围迅速传播。叶氏门下桃李盈门,高徒辈出,其中有扬威世界的功夫影帝李小龙。

　　1973年,叶问弟子梁挺创办"国际咏春总会",至今已在六十多个国家设立机构,支部超过四千多个,门徒过百万。

　　目前,世界上有五十多个国家和地区设有咏春拳馆,门徒遍及全世界,达数百万人。咏春拳已成为世界上流行最广的武技之一。

第二节 特点与价值

　　咏春拳之所以受到众多武术爱好者的追捧,这与咏春拳的特点与价值是分不开的。

一、特点

　　咏春拳是一种十分科学化和人性化的拳术,具有埋身搏击的长处。它拳速快且防守紧密,马步灵活,攻守兼备,守攻同期,注重刚柔并济,气力消耗量少。

二、价值

(一)强身健体

咏春拳套路简单,马步灵活,动静结合,人体各部位器官和神经都参与运动。科学地进行咏春拳训练,不但能使人体在速度、力量、耐力、柔韧性、灵活性等身体素质方面得到很大提高,而且还能调养气血,改善人体机能,提高机体抵抗力和免疫力,预防青少年易形成的含胸、弓背等不良身体姿态,使身心得到全面锻炼和发展。

(二)艺术观赏

咏春拳可供观赏,以丰富人们的文化生活。咏春拳既是人们的身体活动,具有人体运动的一般审美价值,又是一种武技,能表现人们在攻防技击时的技巧和能力,所以又具有一种技击性的神秘色彩和审美价值。

同时,它既有套路训练又有对抗性练习,可以满足人们的不同欣赏需求。又因为咏春拳在中国有广泛的群众基础,存在于民间,所以在民间各种喜庆集会活动中常有咏春拳表演,这就使咏春拳对丰富人们的文化生活具有更重要的作用。

第八章 咏春拳场地和装备

咏春拳运动对场地和装备的要求不高,场地平整宽广、装备适用即可。

第一节 场地

咏春拳运动的日常练习对场地要求不高，一块平整的场地即可，如果有良好的环境效果更佳。

一、规格

（1）一般说来，个人所需的场地标准应是宽 4 米、长 12 米左右；

（2）如果是集体练习，则一般人与人之间的距离应为 1.5～2.5 米，这样左右增加 1 人，场地的长度就相应增加 2～3 米，前后增加 1 人，场地的宽度就相应增加 2～3 米。

二、材质

（1）场地最底层应铺设 10～20 厘米的碎石或炉灰，易于渗水降温，也会保持场地的坚固与平整；

（2）整平底层碎石、炉灰后，再铺设 5～8 厘米的山砂颗粒，然后洒水碾平，这样有助于减少鞋底与地面的摩擦力，在打拳时脚部灵活自如，而且不损伤腿部各关节。

三、要求

（1）场地最好能选择在绿树环绕之处，这样可以避免夏季过强的日晒，也有利于场地表面保湿；

（2）场地也可选择在临近水边的清静之处，临近水边，清幽安宁，令人自然放松、心情愉悦，同时也有利于保持空气湿度，降低暑热。

第二节 装备

咏春拳的装备主要包括服装和鞋。

一、服装

练习咏春拳对选手的服装要求不高，一般来说，训练中穿着的服装无具体要求，只要是质地松软、穿着合体、活动方便的便装即可。

二、鞋

咏春拳训练穿着一般运动鞋即可。一般运动鞋鞋底应具有较好的弹性，软而不滑，鞋面配有系带，缚紧后不易脱落，有利于练习跳跃、腾空、击响等动作，这种鞋适用于多种训练场地的练习。

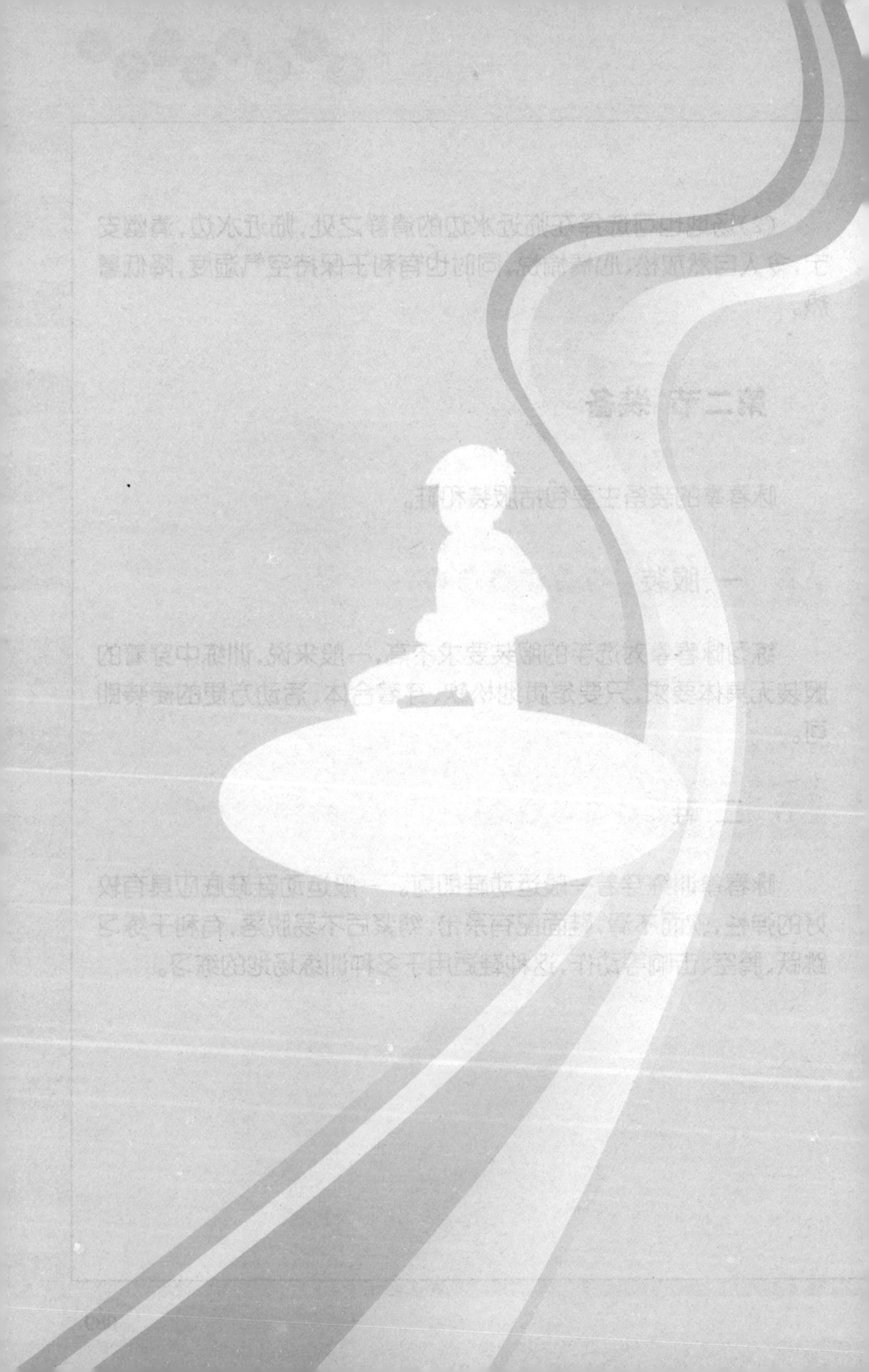

第九章 咏春拳基本技术

　　任何一套拳法皆以一定的基本理论与技术为基础，咏春拳也不例外，正是这些看似简单的理论与技术经过整合之后，造就了咏春拳，成就了咏春拳的辉煌。咏春拳的基本技术包括基本手形和基本站姿等。

第一节 基本手形

正确的手形是练习咏春拳的基础，初学者应该首先掌握，包括凤眼拳和柳叶掌等。

一、凤眼拳

凤眼拳的动作方法（见图9-1-1）是：

以拇指扣在食指指甲上，食指第二骨节向前突出，拇指与食指扣成凤眼状，左右手均可习练。

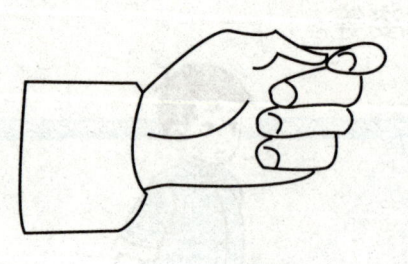

图 9-1-1

二、柳叶掌

柳叶掌（亦称班禅掌）的动作方法（见图9-1-2）是：

四指并拢伸直，拇指握倒，第一指节屈贴于虎口里侧和食指指根处，掌心不能凹陷。

掌指
掌外沿
掌心
掌根

图 9-1-2

第二节 基本站姿

咏春拳的基本站姿即马步，包括外钳阳马、内钳阳马、二字钳阳马、三角钳阳马和钳阳马等。

一、外钳阳马

外钳阳马的动作方法（见图 9-2-1）是：
（1）左脚在前，右脚在侧，站成不丁不八步；
（2）左膝关节向外扭旋，使髋骨向后移靠，右膝关节向外扭旋，使髋骨向前移靠，两膝关节的力相互拉开，两髋关节相夹，右脚占三分力，左脚占七分力（三七马）；
（3）身形偏向后龟背，含胸拔背，收腹。

图 9-2-1

二、内钳阳马

内钳阳马的动作方法(见图 9-2-2)是:

(1)两脚站成不丁不八步,左膝关节向内扭钳,髋关节向外旋开,右膝关节向内钳靠,形成两膝相夹相合的力;

(2)髋关节的力相反,呈相互拉开,左脚占七分力,右脚占三分力;

(3)身体前扑,吞腰松胯。

图 9-2-2

三、二字钳阳马

二字钳阳马的动作方法(见图 9-2-3)是：
(1)两脚左右分开,距离比两肩略宽;
(2)两脚第二趾筋用力向内、向后拉,髋关节内侧同时互相对拉,力向骨内收敛。

图 9-2-3

四、三角钳阳马

三角钳阳马的动作方法(见图9-2-4)是：
(1)两脚站在身体中线两边，从脚趾开始收缩关节；
(2)继而收叠踝关节、膝关节、髋关节，节节锁紧。

图 9-2-4

五、钳阳马

钳阳马的动作方法(见图9-2-5)是：
(1)沉肩，含胸，收腹，归睁(肘)钳马；
(2)双膝之间距离约8厘米，脚尖宽度与肩的宽度相等，双脚尖互为45°角。

图 9-2-5

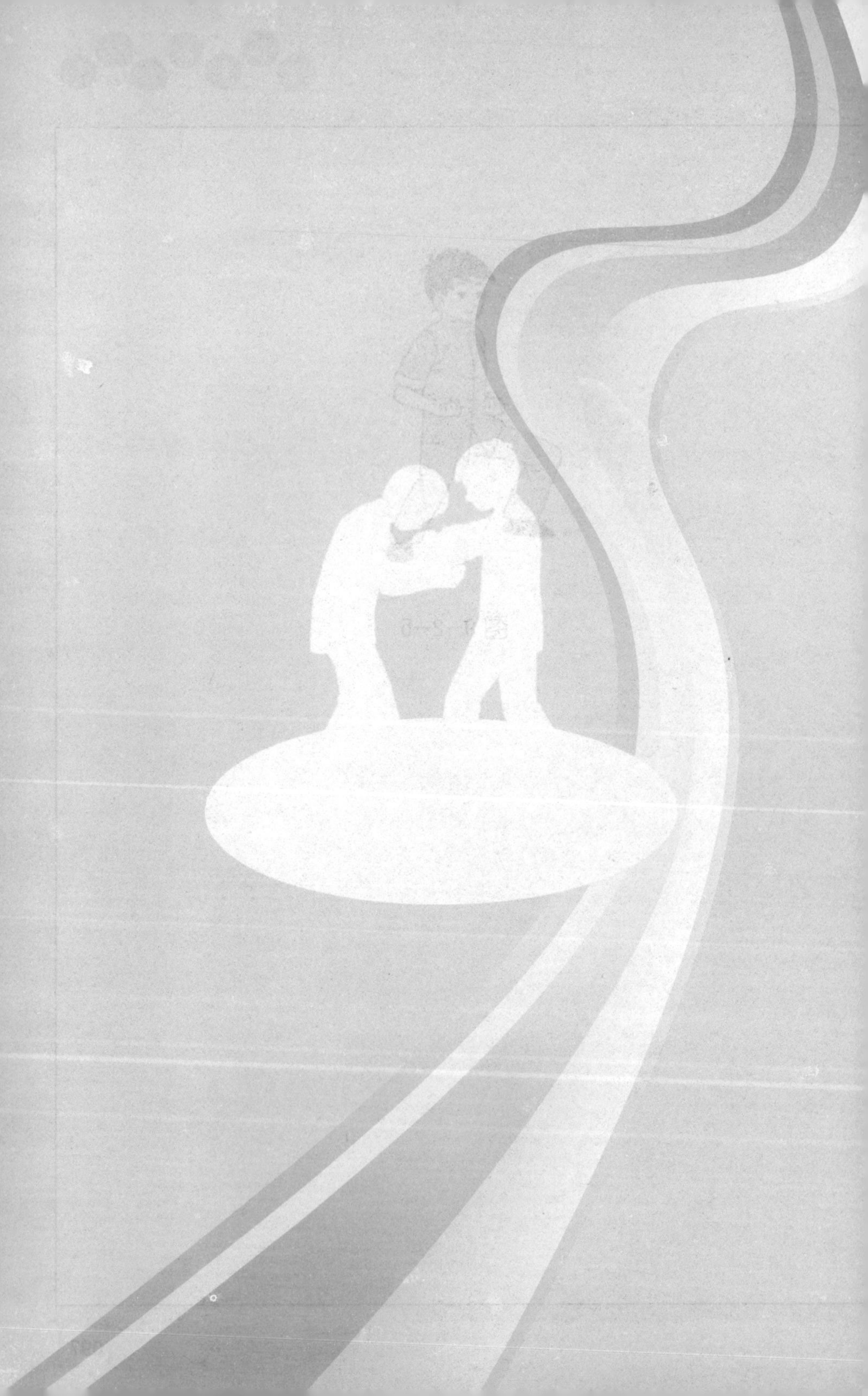

第十章 咏春拳法

咏春拳法主要包括小念头、寻桥、标指和木人桩等，其中小念头是最基本的拳法，寻桥是高级拳法，标指则是二者的升华。本章着重介绍适合青少年练习的小念头、标指和木人桩等。

第一节 小念头

小念头是咏春入门的第一套拳法。练习小念头必须将全身放松。初学时,可以用较慢速度来练习,待整套拳法熟习之后,便可将速度加快。

一、起势

(一)预备势

预备势的动作方法(见图 10-1-1)是:
双脚并拢立正,两手垂于腿侧,目视前方,舌顶上腭。

图 10-1-1

(二)立正抱拳

立正抱拳的动作方法(见图10-1-2)是：
两手从腿侧提起至胸侧，两手握拳，拳心向上，拳背向下，双臂略用力向后拉。

图 10-1-2

(三)正身二字钳阳马

正身二字钳阳马的动作方法(见图10-1-3)是：
两膝略屈，脚掌向左右分开，挺胸收腹，收起臀部，臀部不可向后突出。

图 10-1-3

（四）下交叉耕手

下交叉耕手的动作方法（见图 10-1-4）是：

双拳变掌向前交叉下插，左手在上，右手在下，掌背向上，掌心向下。

图 10-1-4

(五)上交叉摊手

上交叉摊手的动作方法(见图 10-1-5)是:

上臂不动,屈肘将两前臂提起,并保持交叉之势,左手在内,右手在外,掌背向外,掌心向内。

图 10-1-5

(六)收拳

收拳的动作方法(见图 10-1-6)是:

双掌握拳,一起收回胸侧,两臂略用力向后拉,拳心向上,拳背向下。

图 10-1-6

二、第一步

(一)左日字冲拳

左日字冲拳的动作方法(见图 10-1-7)是:

(1)将左拳移至胸部中线,尾指向下,与胸口保持一个拳头距离,向前直线冲出;

(2)至手臂伸尽时,左拳摊开向前穿,然后以手腕为轴心,呈内圈手后握拳,将左拳收回胸侧。

图 10-1-7

(二)右日字冲拳

右日字冲拳的动作方法(见图 10-1-8)是:

(1)将右拳移至胸部中线,尾指向下,与胸口保持一个拳头距离,向前直线冲出;

(2)至手臂伸尽时,右拳摊开向前穿,然后以手腕为轴心,呈内圈手后握拳,将右拳收回胸侧。

图 10-1-8

(三)左摊手

左摊手的动作方法(见图10-1-9)是:

(1)左拳变掌,掌心向天,放松手腕,贴着胸侧,以肘底力慢慢依中线向前伸出;

(2)伸至肘部与胸口一个拳头距离时略停,左掌以腕为轴做一内圈手呈护手(指尖向天,掌心向右),将左护手以肘底力慢慢收回于胸前。

图 10-1-9

(四)左三伏手

左三伏手的动作方法(见图10-1-10)是:

(1)放松左护手,手腕呈伏手,手背向外,掌指向右,以肘底力慢慢依中线向前推出;

（2）至肘部与胸口一个拳头距离时略停，左伏手以腕为轴做一内圈手呈护手，将左护手以肘底力慢慢收回于胸前。

图 10-1-10

（五）左横掌

左横掌的动作方法（见图 10-1-11）是：将胸前左护手横推向右与肩齐，再收回胸前。

图 10-1-11

（六）左正掌

左正掌的动作方法（见图10-1-12）是：
左掌依中线向前推出。

图10-1-12

（七）标指、圈手、收拳

标指、圈手、收拳的动作方法（见图10-1-13）是：
（1）左掌手指向前直伸，掌心向天；
（2）再以手腕为轴做一内圈手后握拳，将左拳收回左胸侧；
（3）右掌动作相同。

图 10-1-13

三、第二步

(一)正身左按掌

正身左按掌的动作方法(见图 10-1-14)是：左拳变掌沿身侧下按,掌心向地。

图 10-1-14

(二)正身右按掌

正身右按掌的动作方法(见图10-1-15)是:右拳变掌沿身侧下按,掌心向地。

图10-1-15

(三)正身后双按掌

正身后双按掌的动作方法(见图10-1-16)是:将双手提起至腰后,掌背贴腰,双掌往后撑,掌心斜向地。

图 10-1-16

(四)正身前双按掌

正身前双按掌的动作方法(见图 10-1-17)是：
将双手提起至身前腹部，掌心斜向地，双掌往前斜向下撑，掌心斜向地。

图 10-1-17

111

(五)正身双拦手

正身双拦手的动作方法(见图 10-1-18)是：

双掌向内回收,使上臂和前臂弯曲成 90°角,左手在上,右手在下,掌心向地,左掌在右肘上,右掌置于左肘下。

图 10-1-18

(六)左右分掌

左右分掌的动作方法(见图 10-1-19)是：

(1)双掌向左右同时打横分开,掌心向地；

(2)分开后两臂与身体呈一直线,双掌随即向内收回呈双拦手,右掌置于左肘上,左掌停于右肘下,掌心向地。

图 10-1-19

（七）正身双抌手

正身双抌手的动作方法（见图10-1-20）是：
双掌由上往下切，掌心互对，双手置于胸部中线位置。

图 10-1-20

（八）正身双窒手

正身双窒手的动作方法（见图10-1-21）是：
双掌向内翻，掌背向天，翻掌时用肘底力将双手略向后收，手肘与胸部保持一拳距离。

图 10-1-21

(九)正身双标指

正身双标指的动作方法(见图10-1-22)是：双掌向前伸出，直插喉部。

图10-1-22

(十)正身双按掌

正身双按掌的动作方法(见图10-1-23)是：双掌向下按，与腹部齐，掌心斜向地。

图10-1-23

(十一)正身双顶手

正身双顶手的动作方法(见图 10-1-24)是：屈腕，以手腕背向上顶，高及喉部，掌指向地。

图 10-1-24

(十二)收拳

收拳的动作方法(见图 10-1-25)是：双掌变拳，随即收回胸侧。

图 10-1-25

四、第三步

(一)左横掌

左横掌的动作方法(见图 10-1-26)是：
左拳变掌横推向右与肩齐，掌心向右。

图 10-1-26

(二)左镰手

左镰手的动作方法(见图 10-1-27)是：
(1)左掌屈腕，掌指向地，手背向外；
(2)以弧形经胸前向左方扫击，停于左胸侧，掌指向左，掌心向右。

图 10-1-27

(三)左铲颈手

左铲颈手的动作方法(见图 10-1-28)是：左掌向前方直撑出,掌指向左,掌心斜向前。

图 10-1-28

(四)标指、圈手、收拳

标指、圈手、收拳的动作方法(见图 10-1-29)是：
(1)左掌手指向前直伸,掌心向天；
(2)以手腕为轴做一内圈手后握拳,将左拳收回左胸侧；
(3)右手掌动作相同。

图 10-1-29

五、第四步

(一)左摊手

左摊手的动作方法(见图 10-1-30)是：
(1)左拳变掌,掌心向地,放松手腕,贴着胸侧,以肘底力慢慢依中线向前伸出；
(2)伸至肘部与胸口一个拳头距离时,将左掌向外翻呈摊手,掌心向天。

图 10-1-30

(二)左耕手

左耕手的动作方法(见图 10-1-31)是:
(1)左掌以斜线往左下方下格,手背向外;
(2)再将左掌由内而外向上转呈摊手,掌心向天及取中线。

图 10-1-31

(三)左圈打

左圈打的动作方法(见图 10-1-32)是:
左摊手手掌向内圈,至掌指向左时停止圈手,掌心斜向外,左掌继续向前撑打。

图 10-1-32

(四)标指、圈手、收拳

标指、圈手、收拳的动作方法(见图 10-1-33)是:
(1)左掌手指向前直伸,掌心向天;
(2)以手腕为轴心做一内圈手后握拳,将左拳收回左胸侧;
(3)右手动作相同。

图 10-1-33

六、第五步

(一)左膀手

左膀手的动作方法(见图 10-1-34)是：
(1)左拳变掌，放松手腕，左肘向前上提，以弧形抛出，掌心向外；
(2)抛出后，上臂与前臂略屈成 60°，左手腕在中线位。

图 10-1-34

(二)左摊手

左摊手的动作方法(见图 10-1-35)是：
左肘向内回卷呈摊手，掌心向天，放松手腕及至中线。

图 10-1-35

(三)左底掌

左底掌的动作方法(见图 10-1-36)是:
左掌向外屈腕,掌心向外,掌指向地,再将左臂向前往上托出。

图 10-1-36

(四)标指、圈手、收拳

标指、圈手、收拳的动作方法(见图 10-1-37)是:
(1)左掌手指向前直伸,掌心向天;

（2）以手腕为轴做一内圈手后握拳，将左拳收回左胸侧；
（3）右手动作相同。

图 10-1-37

七、第六步

（一）左脱手

左脱手的动作方法（见图 10-1-38）是：
（1）左掌往中线下方下格呈耕手，手背向外，下格时左掌以斜线向中线下方标出；
（2）将右拳变掌，掌心向天，轻贴于左肘上，再将右掌反转呈掌背向天，沿左前臂往下削，右掌下削至左手腕时，左掌随即反转呈掌心向外；
（3）左臂往后收，再将左掌轻贴于右肘上，掌心向天。

图 10-1-38

(二)右脱手

右脱手的动作方法(见图 10-1-39)是:
(1)将左掌反转呈掌背向天,沿右前臂往下削,左掌下削至右手腕时,右掌随即反转呈掌心向外;
(2)右臂往后收,再将右掌轻贴于左肘上,掌心向天。

图 10-1-39

(三)左脱手

左脱手的动作方法(见图 10-1-40)是:

（1）将右掌反转呈掌背向天，沿左前臂往下削，右掌下削至左手腕时，左掌随即反转呈掌心向外；

（2）左臂往后收，再将左掌轻贴于右肘上，掌心向天。

图 10-1-40

（四）左日字冲拳

左日字冲拳的动作方法（见图 10-1-41）是：

（1）将左掌变拳依中线向前直线冲出，尾指向下；

（2）右掌亦同时变拳，回收于胸前中线靠左肘部，尾指向下。

图 10-1-41

(五)右日字冲拳

右日字冲拳的动作方法(见图10-1-42)是:
(1)右拳沿左前臂平面向前直线冲出,尾指向下;
(2)左拳亦同时回收于胸前中线靠右肘部,尾指向下。

图 10-1-42

(六)左日字冲拳

左日字冲拳的动作方法(见图10-1-43)是:
(1)左拳沿右前臂平面向前直线冲出,尾指向下;
(2)右拳亦同时回收于右胸侧。

图 10-1-43

(七)立正收势

立正收势的动作方法(见图 10-1-44)是:
将左拳收回胸侧,双脚靠合,立正收势。

图 10-1-44

第二节 标指

标指为贴身近打类动作,即四指并拢,拇指内扣,力达指端,以戳击对方要害部位为主要打法,包括戳击法、退寸进尺技战法和放长击远技战法等。

一、戳击法

(一)上、中、下位连环戳击法

1.动作方法(见图 10-2-1)
(1)腿呈马步,双掌平放于两腰胯部,收腹挺胸,目视正前方,

127

出右手向正前上位戳击,目随手走,意在击对方咽喉及眼部;

(2)收右手出左手,向正前中位戳击,一收一出同时进行,意在击对方胸肋部;

(3)上动不停,收左手出右手,向正前下位戳击,意在击对方小腹或裆部;

(4)也可先以左手向正前上位戳击,次以右手向正前中位戳击,再以左手向正前下位戳击;

(5)如此上、中、下三位连环练习,每组40~50次,分3组练习。

2.技术要点

(1)戳击时,手掌心由向上至向下外拧,以螺旋劲向前戳击;

(2)收回时,手掌心由向下至向上带回,充分体现以指打人的拧钻劲,即"出手如钢叉,回手如钢锉"。

图10-2-1

(二)左、右式划圆戳击法

1.动作方法(见图10-2-2)

(1)腿呈马步,双掌掌心向下平置胸前,收腹挺胸,目视正前

128

方,双手经大腿侧向右后外侧划圆;

(2)上动不停,待双手至小腹处时,骤然发劲向正前方戳击;

(3)发劲时,以抖劲和弹劲为主,再以双手向左后外侧划圆,经大腿至小腹前,骤然发劲;

(4)左右式合并练习,每组40~50次,分3组练习。

2.技术要点

(1)双手向后外侧划圆时要放松,意在粘连抓捋对方之攻势,再以迅猛之抖弹劲击其要害;

(2)拳谚的"极缓慢而后极迅猛,极柔弱而后极刚强",与放松划圆后的骤然发劲原理相同。

图10-2-2

(三)俯卧撑指力训练

1.动作方法(见图10-2-3)

(1)双手十指着地支撑身体,吸气时下落,呼气时上撑;

(2)每组10~15次,分3组练习,功久指力强者,可以双手中、

食四指着地做俯卧撑,呼吸法同上;
(3)依此循序渐进,持之以恒,再以双手中、食四指侧立练习。
2.技术要点
指力练习非一朝一夕之功,不可一曝十寒。

图 10-2-3

二、退寸进尺技战法

(一)捋手戳喉法

1.动作方法(见图 10-2-4)
(1)对方以前手直拳击我方面部,看其肩一耸,须快速以右手顺其大臂向下抓捋至肘或腕关节,即借其力向下捋带;
(2)以右手标指,顺其前臂向咽喉部戳击。
2.技术要点
抓捋时须向外划圆,化其僵力,顺势而打,后脚尖蹬地发力,力达指端。

图 10-2-4

(二)挂手戳眼法

1. 动作方法(见图 10-2-5)

(1)对方以横摆拳击我方面部,须快速以右手前臂由前向后挂带;

(2)以左标指戳击其目。

2. 技术要点

挂手与戳眼须同时进行,即防中有打,打中有防,力达对方眉骨下,意如"二龙抢珠"。

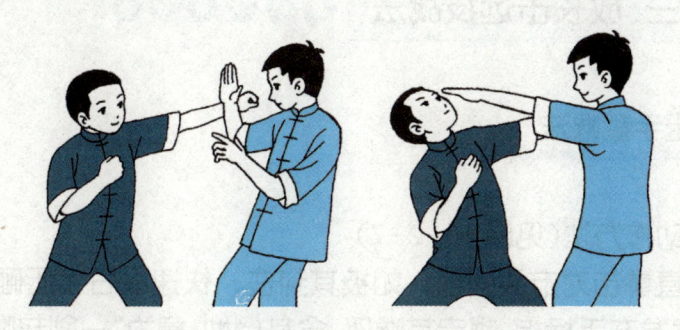

图 10-2-5

(三)接腿戳腹法

1. 动作方法(见图10-2-6)

(1)对方以前鞭腿击我方胸肋部,须向左格挡,反夹其腿;

(2)身体向左后方旋转,卸其劲,速以右手标指戳击其小腹或裆部。

2. 技术要点

接腿后便以标指戳击,接则为退、化,戳则为进、击。

图10-2-6

三、放长击远技战法

(一)压手戳喉法

1. 动作方法(见图10-2-7)

以直拳击对方头面部,如被其封住,快速以后手压砸对方手臂,骤然发右手标指,戳击其喉部,令其倒地,意为"一剑封喉"。

2.技术要点

压手时,即上前步出指戳击,贴身靠近,身形抖动,以利于放长击远。

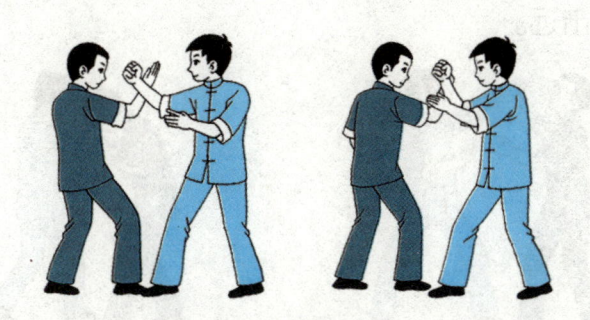

图 10-2-7

(二)上虚下实戳胸法

1.动作方法(见图 10-2-8)

双方对峙,上步以前手标指虚戳其目,趁其不备,出右手标指击其胸肋部,令对方倒地。

2.技术要点

（1）步法与身形协调一致,前后手连环应用；

（2）标指的穿透力依赖于后脚蹬地,这样虚实兼备,劲意相连,才可放长击远。

图 10-2-8

第三节 木人桩

木人桩是以木材制造,有桩手及桩脚,允许少量活动（弹性）,可作为模拟对手练习,锻炼手部接触部位的刚强性、全身整体活动性和步法的灵活性。咏春拳木人桩法主要包括寻桥木人桩法和小念头木人桩法等。

一、寻桥木人桩法

(一)第一步

第一步的动作方法(见图10-3-1)是:

(1)以二字钳阳马距桩身一臂站立,双拳收于腋下,以右转马为先,三次转马拍桩手;

(2)拍手时向左转马拍右手,向右转马拍左手,一手拍手时,另一手收拳于腋下或呈护手放于自身中线;

(3)回转呈正身马,同时左手以掌根打击右桩手外侧,右拳回收腋下;

(4)左手呈掌直砍桩身,左掌根回击右桩手外侧,右拳直击桩身。

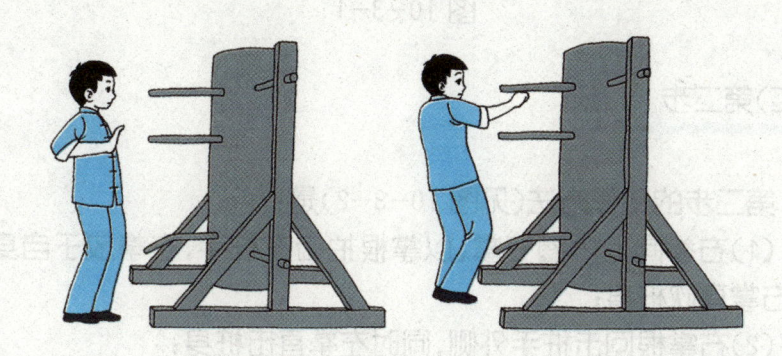

图 10-3-1

(二)第二步

第二步的动作方法(见图 10-3-2)是:

(1)右拳向上内圈变掌,以掌根拍击左桩手,左拳放于自身中线,右掌直砍桩身;

(2)右掌根回击桩手外侧,同时左拳直击桩身;

(3)左手向上内圈双手,同时以掌根下拍双桩手,再由下向上托双桩手。

图 10-3-2

（三）第三步

第三步的动作方法（见图10-3-3）是：

（1）右转马，右手呈低膀手，膀其中桩手，左手呈护手放于中线；

（2）进马，同时右膀手呈掌砍桩身，左手拍右桩手外侧，起右脚踹其桩身；

（3）右脚回落同时，马右转，左手膀其中桩手，右手呈拳放于自身中线；

（4）上步进马，左膀手呈拳砍桩身，右手再呈拍手拍左桩手外侧，同时起左脚踹其桩身。

图 10-3-3

(四)第四步

第四步的动作方法(见图 10-3-4)是:

(1)左脚回落,左手拦其中桩手,右手由摊手内圈呈正掌,直击桩身;

(2)左手以掌根内拍右桩手外侧,双手由上向下以掌根下拍双桩手,再由下向上托双桩手;

(3)双拳收腋下,呈二字钳阳马。

图 10-3-4

二、小念头木人桩法

(一)第一步

第一步动作方法(见图 10-3-5)是:

(1)以基本桩法二字钳阳马面向桩身,左手向前摊其右桩手;

(2)左转马,同时左摊手变为伏手抓右桩,右手由腰际向前搂其桩身。

图 10-3-5

(二)第二步

第二步的动作方法(见图 10-3-6)是:

(1)左手伏抓变为护手放于体前,右手搂抓变为膀手,由左桩手上侧膀其右桩手;

(2)右脚圈步进马,落其右桩身,同时右膀手变为摊手,摊其右桩手外侧,左手护手变为横掌,横其桩身。

图 10-3-6

（三）第三步

第三步的动作方法（见图 10-3-7）是：

（1）左脚圈步进马，落于桩身左侧，同时双手交剪；

（2）左耕桩手变为摊桩手，摊其左桩手外侧，右桩手变为横掌，横其桩身；

（3）左脚圈马回转，左手变为耕桩手，耕其中桩手，右手横掌变为摊桩手，摊其左桩手外侧。

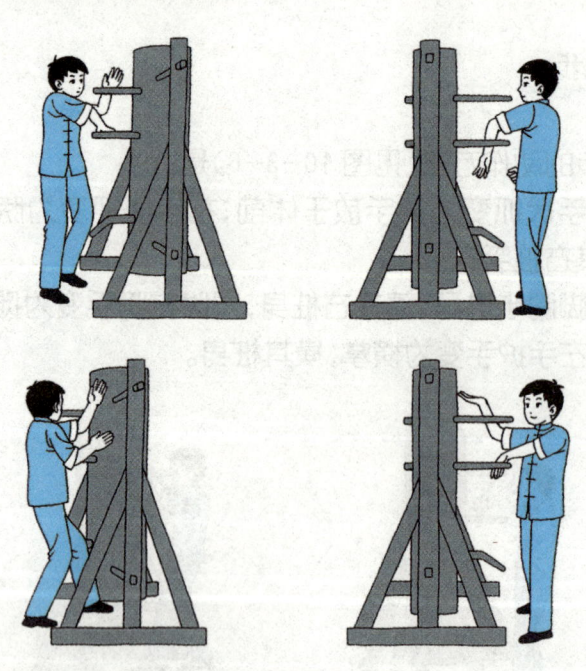

图 10-3-7

(四)第四步

第四步的动作方法(见图10-3-8)是:
(1)右摊手外圈左桩手,左手以掌根向内打其右桩手;
(2)右手圈桩手变为正掌击向桩身。

图 10-3-8

(五)第五步

第五步的动作方法(见图10-3-9)是:
(1)双手同时上提下抹,双桩手变为托桩手,同时上托桩身;
(2)双手同时收拳于腰际。

图 10-3-9

(六)第六步

第六步的动作方法(见图 10-3-10)是:
(1)右手向前摊其左桩手;
(2)右转马,同时右手摊手变为伏手抓其左桩手,左手沿腰际向前搂桩身。

图 10-3-10

(七)第七步

第七步的动作方法(见图 10-3-11)是:

(1)右手伏抓变为护手放于体前,左手搂抓变为膀手,扫右桩左侧膀其左桩手;

(2)左脚圈步进马,落于左桩身,同时左膀手变为摊手,摊其左桩手外侧,右手由护手变为横掌,横其桩身。

图 10-3-11

(八)第八步

第八步的动作方法(见图10-3-12)是:

(1)左脚退马回圈,同时双手呈交剪手,右手横掌,摊其左桩手外侧,左手摊桩手变为耕桩手;

(2)左手耕桩手变为护手放于体前,右手摊桩变为中位,膀其中桩手。

图10-3-12

(九)第九步

第九步的动作方法(见图10-3-13)是:

(1)右脚由后向前圈步进马,落其桩身右侧;

(2)双手交剪,右耕手变为摊桩手,摊其右桩手外侧,左桩手变为横掌,横其桩身;

（3）右脚圈马回转，右手变为耕桩手，耕其中桩手，左手横掌变为摊桩手，摊其右桩手外侧。

图 10-3-13

（十）第十步

第十步的动作方法（见图 10-3-14）是：
（1）摊手外围右桩手，右手以掌根向内打其左桩手；
（2）左手圈桩手变为正掌击向桩身。

图 10-3-14

(十一)第十一步

第十一步的动作方法(见图 10-3-15)是:
(1)双手同时上提下抹双桩手,变为托桩手同时托桩身;
(2)双手同时收拳于腰际。

图 10-3-15

第十一章 咏春拳比赛规则

咏春拳比赛是普及咏春拳运动的一种很好的形式，它在长期的发展过程中已经形成了一套完整的比赛程序和裁判方法。

第一节 程序

咏春拳比赛不是任何人都能参加的，比赛应严格地按照一定的程序进行。

一、参赛办法

参加咏春拳比赛的选手先要进行报名，报名后经过资格审查才能有机会参加比赛。

二、比赛方法

（1）根据比赛规模、人数，分为单回圈、分组回圈、单淘汰和双淘汰制；

（2）每场比赛采用3局2胜制，每局净打1分钟，局间休息1分钟。

第二节 裁判

咏春拳比赛要有严密的组织机构和严谨的裁判制度，以保证比赛的公平与公正。

一、裁判员

裁判人员包括:
(1)总裁判长1人,副总裁判长1~2人;
(2)裁判组包括裁判长、记录员、示分员、计时员各1人,场上主裁判员1人,边裁判员5人;
(3)编排记录长1人,编排记录员2~3人;
(4)检录长1人,检录员2~3人。

二、评分

1. 优势胜利

(1)比赛中因对方犯规造成伤害,经医生检查不能继续比赛者,判受伤者为该场胜方;
(2)比赛中选手或教练员要求弃权,判对方为该场胜方;
(3)一方被重击倒地不起达10秒,或虽能站立,但知觉失常,判击方为该场胜方;
(4)一方被重击倒地并被场上主裁判读秒达2次,判击方为该场胜方;
(5)一局比赛受警告、劝告失分达6分者,判对方为该局胜方。

2. 得3分

(1)一方连续(3次以上)清晰击中对方有效部位,对方无法做任何的防守和还击动作,得3分;
(2)在只上1步的情况下放对方出圈者,得3分;
(3)扣住对方颈部,封住对方双手,得3分。

3.得 2 分

(1)一方倒地(除两脚外的身体任何部位接触地面),站立者得 2 分;

(2)一方受警告 1 次,对方得 2 分;

(3)在只上 2 步的情况下放对方出圈者,得 2 分。

4.得 1 分

(1)清晰击中对方有效部位 1 次,得 1 分;

(2)一方被判 1 次消极(主动离手超过 1 秒,并且双脚向后各退 1 步),对方得 1 分;

(3)一方被判劝告,对方得 1 分。